PRIX : 60 centimes

ROGER-MILÈS

PURES

ET

IMPURES

PARIS

ERNEST FLAMMARION, ÉDITEUR

26, rue Racine, 26.

PURES ET IMPURES

L. ROGER-MILÈS

PURES ET IMPURES

PARIS

ERNEST FLAMMARION, EDITEUR

26, RUE RACINE, PRÈS L'ODÉON

PURES ET IMPURES

GIANNINA

I

— Tu n'es pas fatiguée?

— Non, maître.

— Tu as l'air triste?

— Non; mais tu me dis de prendre une pose alanguie.

— Certes; aurait-on jamais vu une *Psyché* dont l'image ne porterait pas un reflet de mélancolie? La mélancolie et la tristesse ne sont pas même chose.

— Je ne sais pas distinguer.

— Par mélancolie, j'entends un nuage léger qui laisse encore à l'âme l'espoir d'un clair rayon. C'est la demi-tristesse de l'amour.

— Maître, tu me défends d'aimer.

Et le maître se tut, tandis que son crayon cherchait sur une large feuille de vélin les lignes de ce beau corps de femme couchée parmi les coussins sur la table à modèle.

Le maître n'était autre que Filippino Guarnieri, le rival de Buennarroti, et l'un des esthètes les plus convaincus et les plus sincères de son temps. La bizarrerie de son caractère l'avait bien empêché de se hausser au premier rang et de devenir un homme célèbre; mais il ne s'inquiétait pas de son obscurité et prétendait au contraire que tout ce qu'on donne à la gloire est volé au culte sacré de l'idéal. La gloire, selon lui, n'était qu'une chose humaine, l'art était d'essence divine; et c'était diminuer celui-ci que de l'asservir à la conquête de celle-là. Avec de pareilles idées, Guarnieri avait atteint les cheveux blancs et la soixantaine sans qu'on se doutât presque qu'il existât. Quelques figures sorties de son atelier l'avaient seules révélé à ses contemporains, et dans l'admiration qu'elles avaient excitée, il se mêlait un peu de curiosité non satisfaite, cette curiosité qui volette autour du mystère, comme le frelon autour de la ruche dont l'entrée lui est défendue.

Heureusement pour lui, Guarnieri avait de la fortune : son père, mort jeune, dans un duel où il défendait l'honneur des Médicis, lui avait laissé de quoi vivre selon ses goûts, et aussi une protection discrète de ceux à qui il s'était dévoué. Et le peintre n'en demandait pas davantage. Il avait élevé une fillette, Giannina, recueillie un matin de Pâques sur le seuil de la Santa-Croce, où des mains coupables l'avaient abandonnée. Et comme l'enfant, en grandissant, était devenue admirablement belle, Guarnieri affirmait volontiers que Giannina

lui avait été envoyée par le Dieu de l'Art
lui-même pour fournir un aliment à ses
aspirations vers l'Idéal.

Mais s'il avait le respect de cette forme
impeccable qui se dévêtait pour lui seul, il
avait l'égoïsme de sa possession ; il s'était
interdit d'aimer cette jeune fille de vingt
ans, moins parce qu'il avait bercé paternellement ses premières heures, que parce
qu'il la voulait éternellement pure pour
son art ; et comme, par instants, la sève
obstinément retenue de sa virilité lui poussait au cerveau de mauvaises idées, il
faisait tout haut le procès des actions passionnelles. Giannina, nature expansive,
l'écoutait, caressante et résignée. Elle ne
comprenait pas tout ce que disait le
maître ; elle ne pouvait pas le comprendre
en sa virginité d'âme ; mais elle devinait
un mystère et une défense : un mystère
qui lui serait cruel, et une défense à laquelle il lui faudrait désobéir. C'est pourquoi, par certains jours, elle se sentait

triste : Guarnieri ne s'y trompait pas. Quand il demandait une explication, la jeune fille répondait négativement, et lorsqu'emporté par le sujet qu'il traitait, le peintre lui disait les attitudes et les expressions de l'amour, le modèle, sèchement, l'interrompait par ces mots :

« L'amour ? Tu m'as défendu d'aimer. »

C'est pendant une de ces poses, où la chair sourdement faisait parler sa fièvre, que nous avons pénétré dans l'atelier de Guarnieri. Il s'agissait d'une *Psyché* désolée, repassant les heures d'ivresse perdue, et ouvrant les regards sur la détresse de son âme abandonnée. Giannina donnait froidement le mouvement, comme si elle eût été indifférente au travail du maître, et Guarnieri, de son côté, ne trouvait rien ; le crayon entre ses doigts nerveux ne traçait rien de bon, et soudainement il le laissa tomber en repoussant loin de lui le chevalet qui portait son carton.

— Je ne fais rien ! Je ne peux rien faire aujourd'hui ! Allons ! Rhabille-toi.

— Bien, maître.

Et la jeune fille, sans ajouter un mot, se leva, descendit de la table et passa une longue robe, aux broderies lourdes, une sorte de peignoir lilas, dont le souple tissu se chiffonnait frileusement aux rondeurs fermes de sa jeunesse, tandis que d'un mouvement de tête brusque, elle faisait rouler par-dessus le col ses longs cheveux roux où l'ondulation naturelle mettait des reflets fauves.

Guarnieri s'était retiré au fond de l'atelier, sur un siège large ; il la regardait et ses yeux avaient une dureté inhabituelle : Giannina s'en aperçut et vint s'asseoir à côté de lui, si près qu'elle laissa aller sa tête sur l'épaule du peintre. Lui eut un frisson, mais demeura silencieux ; il passa seulement la main autour de la taille de la jeune fille.

Au bout de quelques instants cependant Giannina rompit le silence :

— C'est toi qui es triste, maître.

— Je rêve !

— Tu rêves qu'il est imprudent de défendre d'aimer !

Giannina avait parlé en tremblant, presqu'à voix basse, et Guarnieri s'était levé vivement ; mais la colère qui lui montait aux lèvres tomba : Giannina pleurait. Alors le peintre s'agenouilla devant elle ; il l'attira à lui, et dans ses bras la berça comme autrefois. Il lui disait des choses très douces que la pauvrette écoutait en souriant presque.

— Voyons, ma chérie, dis-moi toute ta peine : tu sais, je t'ai servi de père, tu peux me parler, tu ne dois rien me cacher, ce serait vilain : moi, je te dis tout, tu es ma confidente ; tu es ma force, tu es mon inspiratrice ; tu me dis quelquefois que j'ai du génie, mais c'est toi mon génie ; et, je suis fier de toi, parce que tu n'es pas comme les autres. Les autres, vois-tu, elles n'ont pas ta beauté, parce qu'elles ne sont pas pures comme toi ; elles n'ont pas ta bonté, parce qu'elles ne sont pas naïves comme toi ; je ne te défends pas l'amour, je te protège contre lui, parce qu'il est un grand destructeur et un méchant.

— Tu as donc aimé pour parler ainsi ?

— Oui, j'ai aimé, et j'ai souffert, et j'ai fait souffrir, et je suis jaloux que jamais tu ne connaisses les angoisses qu'il éveille.

— Si tu m'aimais, tu me ferais souffrir ?

— Si je t'aimais ? Mais je t'aime ; seulement je t'aime non pas en homme, mais en artiste. En homme ? Songe donc, j'ai des cheveux blancs. En artiste, oui, là j'ai toujours vingt ans, comme toi ; et je te trouve belle entre les plus belles, et tu sais si bien que je suis dans la vérité, que lorsque tu es nue, devant moi, ta pudeur ne s'irrite pas.

— Pourquoi me dis-tu cela ? je n'y avais jamais songé, et maintenant...

— Maintenant, tu n'y songeras pas davantage, parce que, sans toi, Guarnieri ne serait plus un artiste; il ne saurait retrouver sous son crayon le beau éternel, que tu lui as révélé.

Et, doucement, dans une câlinerie grisante, Guarnieri endormait l'angoisse de la jeune fille; il sentait contre lui son sein se gonfler à chaque sanglot devenant maintenant plus éloigné, et, ce qui ne lui était jamais arrivé, il but même d'une lèvre avide de grosses larmes chaudes aux bords des paupières de Giannina. Mais celle-ci le repoussa.

— Non, pas cela, fit-elle effrayée; pas cela; cela me fait mal; j'étouffe.

Alors Guarnieri posa son front brûlant sur la main de la jeune fille :

— Pardon, fit-il.

Et tous deux ainsi, immobiles, dans cette communion de désirs inavoués, mais devinés, tous deux silencieux demeurèrent, tandis que de la haute verrière de l'atelier le jour diminuait et que tout, autour d'eux, s'évaguait dans l'ombre du soir enveloppant.

II

Et les jours avaient continué sans que rien en apparence ne fût changé dans la vie de ces deux êtres si étroitement unis, et si loin l'un de l'autre ; pourtant il y avait une gêne entre eux. Giannina avait compris que le vieux maître l'aimait et deux mots lui tintaient aux oreilles lorsqu'elle-même se demandait si elle ne l'aimait pas d'amour passionnel ; ces deux mots : « *Paternellement* et *Pardon* », lui dictaient sa conduite. Paternellement ! oui, c'était bien ainsi que sa tendresse pouvait se traduire entre eux, et tout abandon d'une nature plus intime lui eût semblé confiner aux monstruosités de l'inceste. Pardon ! c'était le cri suppliant du maître, lorsqu'il lui avait baisé les yeux ; et elle ne savait trop, dans l'inquiétude qui l'envahissait, si en pardonnant elle pourrait jamais oublier. Et ne fallait-il pas qu'elle oubliât tout, tout jusqu'au frisson qui avait couru dans ses veines, ce frisson de première et suprême volupté !

Guarnieri, de son côté, était en proie à des soucis d'un ordre tout différent. Il comprenait qu'avec sa nature généreuse, avec sa santé robuste, Giannina un jour lui échapperait ; il comprenait qu'avec l'éducation qu'il lui avait donnée des choses de la vie, jamais elle ne s'abandonnerait à lui, et quand il contemplait cette merveille vivante, il se rappelait ses soixante ans, et il se jugeait ridicule de songer aux bêtises humaines. D'ailleurs, n'avait-il pas répété à Giannina que ce qu'il aimait en elle c'était l'inspiration qu'elle lui suggérait ?

Et voilà que tout à coup il avait la vision très nette d'un autre être insoupçonné en lui-même : son idéalisme n'était qu'un masque ; sa chasteté n'était qu'une hypocrisie ; ce n'était plus la beauté qui l'éclairait : c'était la femme dont le désir lui égratignait la chair. Les heures de travail fécond pour l'art n'existaient plus pour lui ; ces heures étaient devenues des heures de lutte ; jusque-là Giannina ne s'en était pas aperçue ; mais qu'elle dît un seul mot, qu'elle interrogeât, et Guarnieri sentait qu'il ne résisterait plus, qu'il tomberait vaincu aux pieds de la jeune fille, qu'il la posséderait comme sa chose, violemment, bestialement ; et cela il ne le voulait pas. Il avait peur d'elle, peur de lui, surtout ; parce qu'il se représentait toutes les suppositions que ferait la bien-aimée, après l'acte consommé ; l'élan subit lui serait un viol, l'habitude une tyrannie, tout le passé d'affection et de sollicitude, une patience vicieuse pour atteindre à l'heure des concupiscences criminelles ; et c'était le mépris, c'était la haine peut-être ; c'était certainement un remords cuisant que le plaisir de la possession lui-même serait impuissant à combattre.

Parfois, quand, après s'être raisonné lon-

guement, il se croyait aguerri contre la
tentation, il se mettait au travail ; mais sa
main tremblait, ses yeux n'avaient plus
cette admiration désintéressée de la ligne.
C'était du sang qu'il voyait couler dessous
cette peau fine et brune ; c'était un cœur
qu'il entendait battre sous cette gorge aux
deux pointes rosées, et ce cœur, il eût
voulu pouvoir y lire comme en un livre.

Une nuit, même, un fait étrange faillit
faire crouler, en une minute, tout l'édifice
de cette vertu et de cette pureté, qui ne
reposaient que sur la réserve obstinée de
ces deux êtres s'adorant l'un l'autre.

Giannina avait cru entendre marcher
dans l'atelier ; elle se leva, et sans bruit
arriva, vêtue de blanc, en haut de l'escalier
qui conduisait à sa chambre. Dans l'atelier
éclairé par un cierge de cire, Guarnieri
était agenouillé devant un portrait de
Giannina, enfant, une étude largement
brossée, où la fillette était représentée nue
sur une jonchée de fleurs ; ses formes

potelées se pelotonnaient sur les corolles humides et parfumées, et sa tête, les cheveux frisés, souriait de ce sourire divin des enfants heureux d'avoir le corps libre de langes; les yeux malicieux s'éclairaient d'une lueur naïve, et les menottes relevées déliaient leurs doigts ténus en un geste d'élégante et innocente coquetterie.

Et tandis que Guarnieri regardait l'image de l'enfant, comme pour se bien pénétrer de son devoir, de ne pas oublier cette enfant dans la femme qui faisait son tourment, il pressait sur ses lèvres le peignoir aux lourdes broderies, dont Giannina se revêtait après les poses. Dans les plis flasques de l'étoffe, il lui semblait retrouver les formes qui s'y étaient enveloppées; il y respirait le parfum grisant des chairs qu'elle avait touchées; il y cherchait cette femme qu'il brûlait de posséder, et qu'il ne voulait pas posséder.

Des larmes coulaient le long de ses joues; ses dents claquaient dans un tremblement instinctif de la bête énamourée ; ses mains se crispaient sur ce corsage vide ; et ses yeux avaient des regards suppliants levés vers le portrait de l'enfant. Giannina avait senti à ce spectacle sa chair frissonner et elle fut sur le point de crier à Guarnieri :

« Viens ! Viens m'aimer comme je t'aime ! Tu vois bien que toute lutte est impossible ; tu vois bien que ta souffrance est faite de ma souffrance ! Viens ! Viens m'aimer ! Viens ! que nous nous aimions ! Viens ! que nous vivions ! »

Mais, un soupir profond s'étant échappé de sa poitrine, Guarnieri se retourna et l'aperçut. Sur l'instant il crut à une vision ; il crut à une hallucination de ses sens affolés, d'autant que, sous son regard, Giannina avait pâli ; il se remit bien vite, et sévèrement apostropha la jeune fille.

— Je craignais, maître, que tu ne fusses malade, dit-elle très doucement.

— Il y a longtemps que tu es là ? reprit le peintre, inquiet.

— J'arrivais, quand tu t'es retourné.

Alors elle descendit lentement jusqu'à lui, toute tremblante, tout émue, et, lorsqu'elle fut à sa portée, elle lui tendit son front.

— Embrasse-moi, comme autrefois quand je posais pour l'*Enfant aux fleurs*. Je m'en souviens. Tiens, j'ai presque rêvé ce soir que je ne dormirais bien que si je revivais cette heure passée ; et vivre, vois-tu, ô mon maître chéri, c'est être toujours ton enfant, pour que toujours je puisse te demander ton baiser et le recevoir !

Elle avait parlé doucement, simplement, avec une infinie tendresse, et voici que Guarnieri était calmé ; il baisa le front de Giannina, par deux fois, en murmurant : « Ma fille ! »

Puis, grave, il la reconduisit paternellement jusqu'au seuil de sa chambre.

Mais cette situation lui mettait des irritations au cerveau ; son humeur jadis si unie, si sereine, s'était aigrie, et Giannina en subissait les mouvements brusques, les sorties injustes. Guarnieri la traitait presque méchamment, lui reprochant ses gaucheries imaginaires, l'accusant de ne plus s'intéresser à ce qu'il faisait, de n'être qu'un modèle banal, un modèle faisant un métier sans intelligence, machinalement. Il alla même un jour jusqu'à la menacer de la chasser, de la jeter dehors. Mais elle lui avait répondu, résignée, attendrie de pitié : « Si tu le veux, maître, je m'en irai. »

Et lui, sentant qu'il avait tort, avait eu un regard si douloureux, si plein de misère vraie et de déchirement inexprimé, que Giannina, sans prendre le temps de se couvrir, était venue agenouiller sa beauté nue au pied du peintre, et lui avait baisé longuement les mains. Guarnieri alors voulut faire diversion à ses pensées, et il admit dans son atelier quelques jeunes gens qui depuis longtemps le pressaient de leur donner des conseils. Ç'avait été dans Florence une grande nouvelle.

Quoi, Guarnieri faisait des élèves ! Guarnieri laissait pénétrer des étrangers dans sa retraite ! Guarnieri, lassé d'être un génie obscur, voulait se faire une renommée en créant une école !

Et l'on n'avait pas tardé à venir en nombre pour écouter la parole du maître, et suivre ses leçons. Mais s'il y avait eu beaucoup de candidats, il y avait eu peu d'élus. La porte s'était entr'ouverte seulement pour une élite, trois ou quatre peintres dont les promesses étaient certaines et qui, pour un temps, semblèrent rendre à Guarnieri sa tranquillité d'esprit et sa belle sagesse de jugement.

L'un d'eux surtout Sandro Pollajuoli, descendant d'une race d'artistes, avait conquis toute l'affection de Guarnieri. C'était un grand garçon, aux yeux clairs et doux comme une caresse, aux longs cheveux d'ébène, simple et tendre, d'une gaîté qui seyait à ses trente ans, sans détonner avec les recueillements du maître.

Il avait apporté un véritable rayon de soleil dans cette demeure où menaçait la tempête, et il était devenu l'intime, l'indispensable de ce foyer. Certes, il n'avait pas été sans comprendre le danger qui flottait autour de lui, mais il avait rassuré ses hôtes, et il s'était rassuré lui-même ; familièrement, familialement presque, il disait à Guarnieri : *Père*, père de son talent grandissant, père du nom qu'il avait l'ambition d'illustrer à son tour, et il appelait Giannina : *Petite sœur*, avec des intonations gentilles qui les ravissaient tous deux, le maître et le modèle.

Guarnieri s'était remis au travail : après la Psyché, il avait passé en revue quelques divinités de la fable païenne, Junon, Vénus armant l'Amour, Diane et Endymion ; Hercule au Jardin des Hespérides ; puis il s'était attaqué à l'Evangile, et il avait symbolisé la passion désolée puis consolée, en des Madeleines d'une psychologie profondément fouillée. Et toutes ces œuvres indi-

quaient chez lui l'absolue maturité du
talent, et l'admirable majesté du génie.
Giannina aussi se sentait heureuse ; elle
posait pour tous deux avec une égale simplicité, admirant sans partage l'effort vail-
lant du maître, et donnant des éloges
mérités aux travaux de Sandro, qu'elle
appelait en riant : le petit maître. Ainsi
passaient les journées, entièrement con-
sacrées à l'Art.

III

Un matin, Guarnieri fut demandé chez se
protecteurs et s'absenta. Francialigio, Man-
zaroli et André Vennuceli, plus connu sous
le nom d'André del Sarto, élèves du maître,
étaient également absents : tous trois s'é-
taient fait remarquer, et les Mécènes de
Florence les avaient chargés d'importantes
décorations au palais Riccardi et au cloître
dello Scalzo. C'était la première fois que
Giannina restait seule avec Sandro, et cela

la troublait. Le maître parti, elle demeurait sans défense contre elle-même, contre la loi impérieuse de nature, qui la faisait se défier de ses forces, et de sa raison. Pourtant, elle n'en voulait rien faire paraître, et allait se dévêtir et prendre sa place sur la table à modèle ; Sandro l'en empêcha.

— Petite sœur, reste vêtue : je vais dessiner tes mains.

Giannina le regarda fixement, vint se placer devant lui, et répéta :

— Tu veux dessiner mes mains ?

— Oui, elles sont très belles ; je ne l'avais jamais remarqué.

— Tu n'es pas aimable aujourd'hui ; c'est parce que le maître n'est pas là que tu parles ainsi ?

— Allons donc ! je ne dis rien que je ne pourrais répéter devant lui.

— Alors, pourquoi ne pas continuer ta *Cléopâtre* ?

— Je ne me sens pas en veine.

— Qu'est-ce que tu as ?

— Je ne sais pas.

— Tu es amoureux ?

— Et toi ?

— Moi ?

Elle se tut un instant, puis tristement, en portant la main à son cœur :

— Oui, murmura-t-elle.

Et elle tomba en sanglotant dans les bras du jeune peintre.

— Voyons, petite sœur, nous avons tant de chagrin que cela ?

Alors Giannina se laissa aller, raconta tout son cœur dans un débordement de paroles, qui se pressaient sur ses lèvres, entrecoupées de larmes.

— Oui, j'aime ! ou mieux, je suis amoureuse. Je ne sais rien de la vie, rien ! Ne crois pas que je joue une comédie ; je ne sais rien, entends-tu ? Mais je ne puis plus lutter. J'ai besoin de sentir un cœur battre près du mien, de sentir une bouche sur ma bouche ! Ah ! je suis folle, ne me méprise pas ! Je suis peut-être une infâme ! Tu me

pardonneras ! Dis ! N'est-ce pas ? C'est
l'amour qui me fait mal, qui me torture.
Tu dois le savoir. Le maître m'a défendu
l'amour ; mais est-ce qu'on peut défendre
l'amour ? Tiens ! le premier jour où tu es
venu ici, j'ai senti que je t'aimerais ; j'ai
senti que t'aimais. Tu m'as regardée et j'ai
tremblé ; tu m'as souri et ton sourire m'a
été d'une ineffable douceur. Après tu m'as
appelée : Petite sœur ! et j'ai souffert, parce
que j'avais entendu dans ces mots cet aveu :
« Je ne l'aimerai jamais ! » Est-ce vrai ?
C'est cela que tu voulais me dire ? Le dis-
tu encore ? Le diras-tu toujours ? Je t'en
supplie ! Aie pitié de moi ! Si tu savais
comme je souffre à cette pensée, Sandro !
Mon Sandro adoré ! J'aimerais mieux mourir
de ta main, là, tout de suite ! Entends-tu ?
Faut-il t'aimer pour te parler de la sorte ! »

Et toute à la peine qui brûlait ses sens,
Giannina se pressait contre Sandro, prenait
ses mains qui tâchaient de la repousser, et
les couvrait de baisers ; lui jetait au col

ses bras éperdus de tendresse et raidissait contre lui son beau corps qui s'était dégagé de sa robe de repos. Rappelez-vous que Sandro Pollajuoli avait trente ans ; la lutte était bien difficile ; et puis, comment résister à un abandon si séduisant ? Comment rester muet à ces appels de tendresse qui semblaient si sincères ?

Pourtant le souvenir du vieillard confiant qui était absent traversa son esprit, et il s'échappa des bras qui l'étreignaient.

— Non ! petite sœur ! ce serait affreux ! je serais lâche ! Le maître t'a confiée à moi : tu sais bien qu'il t'aime !

— Il m'a défendu l'amour : c'est qu'il ne m'aime pas ; et puis, depuis que je te connais, c'est toi que je veux, c'est toi que j'ai dans la chair.

— Tu t'affoles, Giannina, et tes sens te trompent. Nous ne pouvons pas être l'un à l'autre, tu le sais bien.

— Tu aimes donc quelqu'un ? tu as une maîtresse ?

— Non, je te le jure !

— Pourquoi jurer, si tu ne devinais pas que je suis jalouse de tout ce qui t'entoure, de tout ce qui t'approche ? Pourquoi jurer si tu n'étais pas jaloux toi-même de ma tendresse, et si, en échange de ton serment, tu ne désirais que je jure moi-même que le maître, le seul homme que j'aie connu, n'a jamais été mon amant ?

— Tais-toi ! Tais-toi ! fit Sandro en lui posant la main sur les lèvres; tu vois bien que je lutte contre mon cœur !

— Pourquoi ?

— Parce que, pour un instant de folie, nous nous créerions un remords de toute la vie !

— Qu'importe ! reprit Giannina en se pressant contre Sandro, si cet instant de folie vaut toute une vie de bonheur !

A son tour, il tenait la jeune fille haletante étroitement enlacée en ses bras ; il lui glissait des baisers sur le front, les yeux, le nez, la commissure des lèvres, lui murmurant des aveux qui la faisaient se pâmer, l'accusant de l'avoir affolé, lui qui depuis si longtemps luttait contre un amour qu'il croyait impossible, s'exaltant de sa propre exaltation, chantant à l'unisson de sa voix le poème des âmes qui se grisent et des chairs qui s'unissent.....

— Ah ! Je t'aime ! Je t'aime ! dit encore Giannina en fermant les yeux.

Ils furent tirés de leur abandon par un cri de rage : Guarnieri venait de rentrer et les avait surpris.

IV

Trois mois se sont écoulés depuis le jour où Giannina a succombé aux ardeurs passionnelles. Trois mois d'épouvantable détresse. Dès le premier instant, Guarnieri avait chassé Sandro Pollajuoli ; dans une minute de folie, il avait songé à le tuer ; mais il avait eu assez de force pour résister ; sa raison saine lui avait en un éclair

montré quelle eût été l'horreur et plus encore l'inutilité de son crime. Quel droit
avait-il, autre qu'un droit moral, sur cette
femme ? Si elle s'était livrée à cet homme,
n'en était-il pas la cause ? Qui sait si, en
lui défendant d'aimer, parce qu'il se défendait de l'aimer lui-même, il n'avait pas
exaspéré les désirs de sa nature vibrante
et vierge ? D'autre part, s'il avait frappé son
hôte, jeune et beau, ne l'aurait-on pas
accusé de jalousie sénile ? Le châtiment fût
devenu pour tous une vengeance, et ses
cheveux blancs eussent été souillés.

Il avait donc chassé Sandro, et fermé du
même coup la porte aux quelques disciples
qui fréquentaient chez lui. La vie avait
recommencé pour lui et Giannina, vie de
réclusion et de tristesse. Giannina avait
eu un instant l'intention de fuir ; Guarnieri
avait ouvert toute grande sa porte, et,
croisant les bras sur sa poitrine, il avait dit
à la jeune fille, d'une voix cinglante :

— Je te mets au défi de me quitter.

Giannina avait baissé la tête et elle était tombée aux pieds du peintre. Et pourtant un mystère deviné évoluait en elle : elle comprenait que l'heure de volupté qu'elle avait vécue lui réservait encore des angoisses ; dès le second mois, le doute ne lui était plus permis, elle devenait mère. Guarnieri s'en était-il aperçu ? Jamais le peintre et le modèle ne parlaient du passé, s'ils y songeaient toujours ; et le peintre, dont le visage avait vieilli de dix ans, était repris d'une fougue extraordinaire au travail, comme s'il eût été pressé de parfaire et d'illustrer son œuvre, avant de mourir, ce qui, d'après lui, ne devait pas tarder.

Quand il était dans ses idées noires, Giannina ne trouvait pas un mot à lui dire : elle avait bien essayé de parler, mais ses paroles lui étaient retournées avec une amertune qui la glaçait. Elle s'appliquait seulement dans ses poses, s'ingéniant à deviner le mouvement qu'il rêvait, l'expres-

sion intense que son inspiration pouvait
lui faire chercher, n'osant pas dénoncer la
fatigue qui s'emparait parfois de son pauvre
corps brisé. Mais la nuit, lorsqu'elle était
seule, dans sa couchette, elle avait de
longues insommies qui lui cerclaient les
yeux de noir, et des nuits de larmes qui lui
rougissaient les paupières. Comment en
eût-il été autrement? La pauvrette avait
non seulement le chagrin de cette existence
en un tête-à-tête douloureux, mais elle
pensait à l'homme qui l'avait prise, qu'elle
n'avait pas revu, dont elle n'avait pas même
entendu parler. Elle ignorait les efforts
faits par lui pour se retrouver auprès d'elle,
les messages pleins d'humilité et de tendresse qu'il avait adressés au maître, les
menaces même qu'il n'avait pas craint de
lui faire tenir, menaces où il disait qu'il
saurait bien enlever sa bien-aimée ; ce à
quoi Guarnieri avait répondu par un billet
ainsi libellé : « Vous avez volé l'honneur
de Giannina, parce qu'elle n'est qu'une

femme ; vous ne me volerez pas Giannina,
parce que je suis un homme et que vous
auriez peur ! » Elle ignorait surtout que
sous l'injure qu'il ne pouvait venger, Sandro
avait senti sa raison s'égarer, et que sa
vieille mère avait dû l'emmener bien loin,
sous un autre ciel, où l'oubli viendrait peut-
être avec la guérison. Et comme elle ignorait tout cela, Giannina se jugeait plus
coupable envers Guarnieri.

Les jours passaient ainsi, et l'œuvre lente
de la gestation se poursuivait. Un matin,
comme Giannina prenait sa place pour la
pose, Guarnieri lui dit avec un sourire
méchant, plein d'ironie :

— Tiens, je vais faire une *Ève chassée du
Paradis terrestre* ; elle sera assise sur un
quartier de roc, épuisée, appesantie. Com-
prends-tu ce que je veux ?

Giannina, machinalement, s'était assise,
et, ses coudes aux genoux, elle pressait son
front entre ses deux mains.

— Voilà qui est parfait, continua

Guarnieri, sans paraître s'apercevoir de l'angoisse qui torturait son modèle ; c'est juste, c'est vécu, et la ligne est encore belle.

— Encore ! murmura Giannina presque à voix basse.

Encore, c'était aujourd'hui ; mais demain, mais dans des semaines, dans des mois, la déformation arriverait ; et Giannina eut pour la première fois le sentiment de sa honte.

Et voilà que commença pour elle une épreuve autrement cruelle que toutes celles qu'elle avait jusque-là traversées. La nuit, quand elle s'éveillait, il lui semblait que son être avait pris des proportions gigantes- ques, et sous ses deux mains enfiévrés, elle mesurait l'ampleur de ses flancs. Elle son- geait alors qu'il lui faudrait, dans quelques heures, s'exposer nue aux regards durs et ironiques de Guarnieri : le maître, qui avait été jadis si bon pour elle, elle le haïssait et le plaignait à la fois. Il lui montait souvent au cœur une lassitude telle, qu'elle se demandait si elle ne devait pas en finir tout de suite avec la vie. Mais sa raison était encore assez forte pour détourner d'elle les tentations lâches, et elle voyait nettement son devoir; devoir double, contenant un châtiment, et peut-être une consolation : le châtiment de souffrir jusqu'au bout; la consolation de voir un petit être donner à sa pensée une autre orientation, la délivrer de l'obsession de sa chute par l'état conscient de son relèvement. Guarnieri, après s'être montré inflexible, se laisserait sans doute fléchir.

Le maître, de son côté, était profondément malheureux ; quand il s'analysait soi-même, ce qui lui arrivait souvent chaque jour, son état d'âme lui apparaissait très nettement : il était jaloux de cette heure d'amour qu'avait vécue Giannina ; cette femme, il l'adorait de toute la puissance de sa chasteté contenue et, là où Giannina croyait interpréter le mépris de sa chute,

il n'y avait qu'un amer regret de n'avoir
pas contribué à cette chute. Aussi, après
des accès de rage, qu'il parvenait difficile-
ment à dissimuler, Guarnieri avait des
attendrissements ; il lui montait aux lèvres
des mots de pardon ; il se jugeait indigne
d'imposer à Giannina une souffrance mo-
rale, dont le ravage ne lui échappait pas,
quand il lui fallait tant de courage pour résister aux fatigues d'une gestation très
laborieuse. Il se levait alors dès l'aube,
heureux à la pensée qu'il allait avoir de la
pitié et qu'elle lui en exprimerait sa gratitude par des câlineries, qui autrefois lui
étaient si douces. Le silence contraint qui
régnait dans l'atelier pendant leurs séances
lui pesait d'un poids insupportable.

Mais dès que Giannina, la mine défaite,
les yeux suppliants, montait sur la table à
modèle, dès qu'elle avait découvert son
corps dont les formes s'épaississaient,
Guarnieri était subitement ressaisi par sa
rage jalouse : ses résolutions s'évanouis-

saient, et la jeune fille le retrouvait devant elle, le regard froid comme une lame d'acier, la lèvre plissée par un rictus où perçait un dédain injurieux ; la main, qui maniait le pinceau, indiquant par de grands gestes la nécessité où elle se trouvait de changer les lignes et d'exagérer les courbes. Et la pauvre fille, écroulée sur elle-même, semblait anéantie, comme si, semblable à l'Ève qu'elle servait à évoquer, elle eût porté la faute de toute l'humanité.

V

Il y avait cinq mois que cela durait. Un jour, pendant une pose, Giannina rougit tout à coup, et un sourire passa sur ses lèvres. Le peintre s'en aperçut.

— Tu ris, maintenant, fit-il indigné.

— Non, maître, répondit Giannina, dont la physionomie avait repris son expression de douleur.

— J'aime mieux cela : la honte, tu en-

·tends ? la honte, c'est ce qui te convient.

Mais Giannina s'est levée subitement : sa gorge turgescente, son ventre distendu lui donnent l'aspect d'un de ces Bouddhas qu'on peint sur les kakémonos chinois. Son regard est d'une extrême vivacité ; ses lèvres ont un frémissement de colère, et le maître la regarde avec stupeur : alors, après un instant, comme si elle se fût recueillie pour ne pas dépasser en paroles ce que lui dictait sa pensée, elle parla, elle parla longtemps.

— Maître ! maître ! c'est assez me courber sous les sarcasmes : voilà des mois que tu me traites comme on ne traiterait pas la plus vile esclave ; et tu es lâche, et tu sais que tu es lâche ! Ma chute ! Mais tu aurais voulu rouler dans l'abîme avec moi. Ma honte ! Mais cette honte-là, tu l'appellerais l'amour, si tes lèvres s'étaient posées sur mes lèvres. Jusqu'à présent, j'ai faibli, j'ai tremblé devant toi. Aujourd'hui, je ne tremble plus, parce que je sens en moi

vibrer l'enfant, tu entends, là (et de ses
deux mains amaigries elle caressait ses
flancs), là, il vit ; son mouvement, doux
comme une caresse au plus profond de mon
être, me donne du courage et me rend ma
fierté. Regarde-moi, est-ce que je baisse les
yeux ? Non ! Plus de honte, plus de larmes.
Il vit ! Je veux qu'il vive. Tu m'as torturée
femme, amante, fille, si tu veux : mais je
deviens mère ; et mère, je suis sacrée ;
l'âme s'élève ; la chair se révolte ; tu m'as
appris à penser ; tu m'as appris ce que c'est
que le devoir et la conscience. Tu m'as
appris ce qu'était l'idéal et l'art. L'idéal,
vois-tu, c'est l'amour, et l'art, c'est la vie ;
l'amour et la vie, c'est ce qui nous fait
grands, c'est ce qui nous trempe à toutes les
épreuves, c'est ce qui ouvre nos cœurs à
toutes les pitiés. Tu as été pour moi sans
pitié ; je pourrais te maudire, comme tu
me maudis ; mais Il vit, Il vit là, tout
chétif, presqu'un rien, fait d'immensité, et
pour lui, je te pardonne et je te plains...

Alors Guarnieri fit en un instant un retour sur lui-même ; son âme se sentit envahie d'une énorme tendresse, faite de toutes les rancunes passées, et, se précipitant vers Giannina, brisée de l'effort qu'elle avait fait et de l'émotion qui la poignait, il reçut son beau corps dans ses bras, la transporta, avec une force de vingt ans, sur des coussins qui occupaient le coin de l'atelier, la couvrit d'une draperie, et, s'agenouillant près d'elle, il lui prit la tête entre les mains, et tous deux mêlèrent leurs larmes, désespérément.

VI

Cela avait été pour eux un apaisement presque divin, un pardon solennel, en son intensité, un pardon où chacun en silence avait allégé son âme d'un cruel souci et d'un remords. Guarnieri, par la suite, avait lacéré, puis brûlé, cette *Ève chassée du Paradis terrestre*, qui lui eût sans cesse rappelé les haines sourdes et les tristesses brûlantes. Maintenant, il s'intéressait à la naissance prochaine de l'enfant ; il entourait Giannina d'affection et de sollicitude ; il s'inquiétait du moindre malaise dont la jeune femme se plaignait, et quand la grossesse était troublée de crises, il s'accusait à part lui d'en être la cause, en songeant aux premiers mois de colère et de jalousie.

Autant que Giannina qui ne posait plus, il s'occupait de préparer à l'enfant une naissance accueillie dans le bien-être, et souvent, avec des attentions délicates, il lui demandait ce qu'elle éprouvait.

— Giannina, a-t-il remué ?

— Oui, maître.

— Beaucoup ?

— Beaucoup.

— Le cher petit ! Nous en ferons un homme.

— Ou une femme ; je crois que ce sera une fille !

— Ce sera ma fille, n'est-ce pas ?

— Oui, maître, répondait timidement Giannina, comme si le souvenir de l'*autre* lui fût revenu.

— Avec toi, cela me fera deux filles ! Pour un célibataire, voilà qui m'empêchera de me marier.

— Bah ! je m'occuperai de la petite, et, s'il le faut, je disparaîtrai ; tu as été si bon pour moi, maître !

— Non ! Tu crois... tu peux supposer qu'à mon âge, je commettrai cette sottise, moi qui n'ai jamais aimé !

— Jamais aimé ? Es-tu certain de ne pas te tromper, ou de ne pas mentir ?

— Giannina...

— Oh ! je peux bien parler maintenant ! Tu m'as aimée, comme je t'ai aimé ; mais nous avions trop d'audace l'un et l'autre, et trop de retenue, et ç'a été un malheur pour tous deux. Pour moi, le malheur est irréparable ; mais les devoirs qu'il me crée me seront chers ; pour toi, ce n'est qu'un nuage dans la vie : une fois Giannina partie, Filippino Guarnieri pourra encore être heureux.

— Ne parle pas ainsi, chère folle ; si tu penses que je t'aime, à quoi te servirait-il de t'en assurer ? Si tu sais que je t'aime, que tu es tout pour moi, que, pour un sourire de tes lèvres, j'ai renié quarante années d'une philosophie austère, à quoi bon me chagriner ?

— Alors, l'enfant, tu l'aimeras aussi, tu l'aimeras bien ?

— C'est une lâcheté de ne pas donner à un enfant la tendresse dont il a tant besoin.

— Mais, que pensera-t-on, dans tout le pays, quand on saura que Giannina, l'enfant timide, le modèle, est mère, et que le maître Guarnieri prend soin du bébé ?

— On pensera que Guarnieri est coupable, qu'il a séduit, violé peut-être la vierge à qui il donnait asile, et si l'on blâme l'homme, on continuera à respecter Giannina.

— Oh ! comme tu es bon ! reprit Giannina

en appuyant son beau front mélancolique contre la poitrine du peintre.

Et celui-ci, d'une voix grave, où le reproche s'enveloppa d'une infinie tendresse, celui-ci répliqua :

— Non, je ne suis pas bon, Giannina, je me venge !

Le jour de Pâques, Giannina demanda à Guarnieri de la laisser aller prier à l'église Santa-Croce.

— Je t'accompagnerai, fit Guarnieri.

Giannina rougit. Quoi, le Maître poussait l'abnégation jusqu'à sortir à ses côtés, quand sous sa robe son corps déformé trahissait son état ! Elle avait regardé Guarnieri avec une crainte mêlée de gratitude, et elle ne trouvait pas un mot pour lui parler : ses lèvres étaient sèches, sa gorge la brûlait; il lui semblait qu'elle allait défaillir.

— Je t'accompagnerai, ma chère enfant, reprit Guarnieri avec une douceur qui lui rendit tout son courage.

Et ils partirent tous deux, marchant lentement, elle, s'appuyant au bras du vieillard. Ils traversèrent la place qui s'étendait devant l'église : la foule se rendait au service divin ; la ville avait un air de fête. Sur leur passage, des gens qui avaient reconnu le peintre avaient eu des sourires ironiques : mais Guarnieri avait le regard si loyal et si fier, il y avait dans son attitude tant de dignité, il témoignait à la malade qu'il tenait au bras tant de sollicitude et de respect caressant, que les sourires avaient été vite réprimés, et l'on s'écartait pour les laisser passer.

Vasari n'avait pas encore gâté par des restaurations maladroites la belle et harmonieuse simplicité de l'antique église : on y voyait encore les peintures de Taddeo Gaddi, de Giotto, et d'Orcagna ; seul, dans le fond, se dressait l'unique autel, tout scintillant de lumière. Dans un coin écarté, Giannina s'agenouilla, et, la tête inclinée, elle pria longtemps. Que demandait-elle dans ses prières? Tout ce que sa ferveur pouvait lui inspirer, le pardon pour elle et pour l'enfant, et peut-être l'amour de ce vieillard qui se tenait à son côté, debout, très grave, très soucieux, et au cœur de qui il saignait une blessure, jamais fermée. Elle priait surtout, sans doute pour prier, pour se rattacher par une insaisissable trame au Créateur toujours invisible, mais partout révélé, en qui sa voix naïve plaçait sa suprême espérance; et, lorsqu'elle se releva, il lui sembla qu'elle emportait en elle de la force pour toutes les douleurs, pour toutes les angoisses qu'il lui faudrait encore supporter.

Comme ils se retiraient et descendaient les marches du porche, Guarnieri, comme se parlant à lui-même, mais assez haut cependant pour que Giannina l'entendît, Guarnieri murmura :

—C'est là que je t'ai trouvée, il y a vingt ans!

Et Giannina, avec tristesse, répondit :

— Pourquoi ne m'as-tu pas laissée?

— Pourquoi me reproches-tu ce que j'ai fait?

— Maître, ce n'est pas un reproche : c'est un regret!

— Le regret, j'en prends ma part, et quand je vois ce que tu souffres, je me demande si j'ai fait tout mon devoir.

— Maître, je n'ai pas ta haute pensée, et je ne sais pas, comme toi, déchiffrer au fond les choses; mais pendant que je priais, il me semblait qu'une voix me disait qu'on ne discute pas avec la destinée. J'étais marquée dès le berceau pour les abandons : oublie-moi; laisse-moi redevenir l'abandonnée!

Et tandis qu'elle parlait ainsi, la voix tremblante de larmes, ils s'en revenaient tous deux. Quand ils furent entrés dans l'atelier, Guarnieri prit dans les siennes les deux mains de Giannina, et lui dardant son regard dans les yeux :

— Écoute, Giannina, lui dit-il, ne me

parle plus jamais d'abandon et d'abandonnée : la destinée nous a enchaînés l'un à l'autre, et je ne puis plus vivre sans toi ; dussions-nous être très malheureux tous deux, le malheur sera notre volupté, la seule qui nous soit permise...

— Maître, nous nous aimerons dans l'être où je renaîtrai : tu me l'as promis.

Et, faible, recueillie, les yeux à demi clos, Giannina tendit son front à Guarnieri, qui y posa ses lèvres.

Les jours passaient ; Giannina rassérénée, Guarnieri ayant parfois l'illusion qu'il allait être père. Le terme approchait en effet : Giannina, massive et lourde, croyait chaque jour que le travail suprême allait se faire. Un matin, Guarnieri introduisit près d'elle une matrone, dont le concours fut tout de suite urgent. Giannina avait voulu que la chose se passât dans l'atelier ; très craintive des douleurs dernières, elle avait dit à Guarnieri en se couchant sur le grabat : « Maître, je vais peut-être mourir, et je veux te parler, comme on parle dans la confession, C'est ici que j'ai péché ; c'est ici que je dois souffrir, et je prends tous ces objets aimés à témoins de mon expiation. »

Guarnieri, la gorge séchée, debout, pressant dans ses mains tremblantes la main que lui abandonnait la jeune femme, Guarnieri ne trouvait rien à répondre. Il assistait à cette scène déchirante, où l'œuvre de la nature s'accomplit dans le sang et dans la souffrance, avec la curiosité naïve de l'ignorance. Ces cris, ces efforts, ces torsions, ces larmes, tout cela lui semblait un cauchemar infernal ; il songeait alors à l'*Ève chassée du Paradis* et les versets de la Genèse grondaient dans son cerveau avec un bruit d'orage menaçant. Pourtant il n'y avait là rien que de naturel : ces tortures surhumaines étaient bien les tortures dévolues chaque jour à l'humanité. Il voyait s'empresser, autour de la jeune femme découverte en une brutale nudité, la matrone, attentive à tout le travail lent et cruel de la parturition. Enfin un grand cri retentit, auquel répondit comme un écho un éternuement brusque et un cri plus élevé mais plus faible....

— C'est une fille, maître, fit la matrone.

Et Guarnieri, secoué par l'émotion, tomba à genoux près du lit où reposaient la mère et l'enfant.

VII

— Quel nom veux-tu lui donner? avait dit Giannina le lendemain de la naissance, en pressant contre son cœur la petite toute grave en son maillot,

— Nous l'appellerons Benvenuta, parce qu'elle est la bienvenue, parce qu'elle apporte ici le rayon de joie, trop longtemps oublié.

Mais si l'enfant donnait de la joie, l'état de Giannina inspirait au maître une inquiétude, qui n'était que trop justifiée. La matrone avait appelé un homme de l'art, et celui-ci avait hoché la tête.

— Eh bien ? lui avait dit Guarnieri.

— C'est grave, très grave, avait murmuré le médecin; un miracle seul...

— Il n'y a plus de miracles, avait répliqué Guarnieri.

Et il avait dit juste; le soir du second jour, Giannina s'était sentie plus mal. Son corps était agité de secousses clowniques; sa face était subitement pâlie; les mâchoires se rapprochaient avec force, cherchant à mordre la langue; les yeux convulsés apparaissaient dans un blépharospasme rapide. On croyait entendre des mots chuchotés : les lèvres étaient muettes pourtant, mouillées seulement d'une écume sanguinolente. Puis il y avait un instant de repos; puis les crises reprenaient, plus précipitées, plus terribles ; c'était l'éclampsie implacable; un instant, pendant le coma, les traits se détendirent ; on crut

à une amélioration; Guarnieri se pencha
vers elle, et lui baisa le front avec des
mots de tendresse et d'encouragement;
mais il s'abattit sur le sol, comme une
masse, la gorge étranglée de sanglots.

Giannina était morte!

Ainsi ce misérable avait abusé de la
jeune fille et était la cause de sa mort!
Ainsi, non seulement, il lui avait volé son
âme, mais voilà qu'à l'heure où lui, Guarnieri, songeait à un avenir heureux, voilà
qu'il lui volait sa vie! Mais pouvait-il donc
vivre sans elle? Elle, c'était pour lui son
idéal d'artiste et son rêve d'homme. Elle,
Giannina! là, morte, froide, lui souriant
maintenant dans sa blancheur de cire,
comme si elle l'invitait à l'hymen glacé,
comme si elle le priait à connaître aussi la
grande mangeuse des êtres, la prêtresse
évolutionniste des choses:

Et, comme son rival en génie, Michel-
Ange, l'avait dit en des strophes immor-
telles à la mémoire de Vittoria Colonna,

Guarnieri aurait pu s'écrier à son tour :
Fuggite amanti !

« Amants, fuyez l'amour ! Fuyez le feu !
Son incendie est âpre et sa blessure est
mortelle. Pour qui ne fuit pas à temps,
n'ont plus ensuite aucune valeur, ni la
force, ni la raison, ni le changement de
lieu.

» Fuyez; je ne suis pas un petit exemple
de ce que peuvent un bras cruel, un trait
acéré; sur mon visage lisez le mal qui de-
viendra le vôtre, et quel sera le jeu d'amour
impie et sans pitié.

» Fuyez sans tarder, dès le premier
regard; moi, qui en tout temps ai pensé
avoir la paix, je sens et vous voyez que
je brûle !

» Ah ! cruelle mort ! combien ce coup
aurait été doux, si, l'un des amants étant
frappé, tu eusses aussi entraîné l'autre à
sa dernière heure ! »

Mais non ! il devait vivre ! Là, dans un
berceau, un enfant sommeillait. Sa respi-

ration ne s'entendait pas plus que le silence de la morte, et pourtant, là, c'était la
vie ; ici, c'était l'éternité ! Le mystère se
posait à l'esprit du peintre, et sa philosophie demeurait muette : tout semblait in-
sondable ; un doigt invisible avait touché
les deux bouches : il avait mis un cri sur
l'une, il avait fermé l'autre à jamais !

Et Guarnieri, accablé, les yeux secs
maintenant, assistait, en touchant d'une
main le berceau, d'une main qui cherchait
un appui, une force, un sauveur, Guarnieri
assistait aux opérations suprêmes que la
matrone, aidée d'une compagne, accom-
plissait auprès de Giannina. Le peintre avait
voulu qu'on la revêtît du long peignoir dont
elle se parait après les poses, et c'est ainsi
qu'on l'avait couchée, rigide et pâle, mais
divinement belle encore, dans le coffre de
l'éternelle attente. Dans ses deux mains,
croisées sur sa poitrine, il avait passé un
lys brisé, et parmi ses longs cheveux, qui
l'auréolaient, répandus sur un oreiller de

brocard, il avait piqué des roses trémières, fleurs qui passent en un jour, en un soir.

Pourtant, pendant que Guarnieri était tout à sa douleur, et que pour lui le monde était mesuré entre ce berceau et cette bière, on avait appris dans la ville que Guarnieri était père. On s'était étonné, on avait bavardé de la chose, on avait raillé, on avait plaint, on était prêt à oublier : ainsi vont les choses ici-bas...

VIII

Il fait nuit : deux cierges de cire brûlent de chaque côté de la bière toute jonchée de fleurs. Dans le berceau, Benvenuta sommeille ; debout, immobile, superbe, Guarnieri veille. On frappe à la porte.

— Qui vient ici ?

La porte s'ouvre : un homme encore jeune paraît, mais ses traits sont creusés par un long mal ; ses cheveux sont gris comme ceux d'un vieillard.

— Qui êtes-vous ? fait Guarnieri d'une voix rude.

— Maître, répond le nouveau venu, humblement.

Cette voix, Guarnieri l'a reconnue.

— Sandro Pollajuoli ! Misérable ! Que veux-tu ? Pourquoi viens-tu à l'heure où je voudrais tout oublier.

Et le vieillard lève vers Sandro une main menaçante. Mais Sandro se redresse ; la colère brille dans son regard.

— Vieillard lâche ! Celle qu'on croit ta fille est ma fille ! Celle qu'on croit ta maîtresse fût ma maîtresse. Rends-moi ma fille ! Rends-moi ma maîtresse !

Alors Guarnieri se tut ; tandis que Sandro se tenait devant lui, menaçant à son tour, il se rappelait l'heure où il l'avait chassé ; il se rappelait l'horrible blessure qu'il avait reçue et qu'il jugeait une trahison, et il pesait, en son âme, si la douleur de la mort n'était pas plus douce que l'autre ; si le pardon qu'il avait accordé dans l'affolement de sa passion jamais apaisée n'avait pas exigé plus d'effort que le regret qui lui montait au cœur devant la tombe si tôt ouverte, et sa lèvre avait pour cet amant qui faisait mine de s'ériger en justicier un rictus plein de haine, de mépris et de pitié.

— Allons ! Réponds, fit Sandro brutalement.

— Partageons, dit Guarnieri, avec un cri de rage. Moi, je garde l'enfant ! Toi...

Il le conduisit près de la bière dissimulée sous les fleurs qu'il écarta.

— Toi, reprends la mère.

— Morte ! Morte ! rugit Sandro ; puis, dans un éclat de rire où toute sa raison s'envola, il roula au pied de la bière, inanimé.

Alors, Guarnieri retira l'enfant du berceau, et la pressant contre sa bouche, pour l'envelopper d'un baiser, il dit gravement ces mots solennels comme un serment :

— Ma fille ! ma fille !

L'AUTRUCHE DE BOIS

J'avais remarqué depuis longtemps chez
mon ami Gérard de Valner, collectionneur
de haut goût, certain objet dont la banalité
de matière et la laideur de forme ne pouvaient certainement pas faire une œuvre
d'art. Sur une étagère, toute chargée de
bibelots de prix, bien en vue entre un de
ces merveilleux bronzes de Barye et une
aiguière d'un style pur, due à quelque
arrière-neveu de Benvenuto Cellini, se
trouvait une petite autruche de bois, gros-
sièrement taillée, le long col emmanché
dans le corps et retenu par une cheville,

qui lui laissait la possibilité d'être remué,
un jouet d'enfant, en un mot; un de ces
jouets sans valeur, que les mères font nager
dans la baignoire de Bébé, afin que Bébé
prenne son bain gentiment.

Et je me demandais, sans oser toutefois
interroger mon ami, pourquoi cet animal
bizarre, qui tenait autant du dindon que de
l'autruche, au milieu d'une collection de
porcelaines, de bronzes, d'ivoires, de grès
et d'autres encore, dont les amateurs, non
sans jalousie, énuméraient les raretés.

Pour un mystère, certes, il y en avait
un; mais lequel?

Était-ce le souvenir d'un enfant, retournant là-haut, d'un de ces petits êtres qu'on
aime tant et qui laissent, lorsque leur dé-
licate argile se brise, des blessures que rien
ne peut guérir? Je ne le croyais pas. Je con-
naissais toute la vie de Gérard; nous avions
marché presque côte à côte depuis le collège, et, dans les albums qui chargeaient
un guéridon de son cabinet de travail ou

sous le cristal de son presse-papier, je n'avais jamais vu un portrait de blondin dont il pût revendiquer la ressemblance comme étant la sienne.

Ce ne pouvait être non plus l'objet d'une plaisanterie amicale, le don d'une main mignonne et gantée après une figure de cotillon, un de ces riens dont l'homme peut s'amuser une heure, parce qu'ils éveillent la mémoire des jours d'antan, et laissent de leur passage rapide une impression tenace de philosophie, ou mieux de mélancolie. Ce n'était pas cela non plus : Gérard avait trop de tact en matière d'art ; il avait des idées trop intransigeantes sur l'arrangement du *home* pour accorder à l'autruche rudimentaire la compagnie de chefs-d'œuvre, s'il ne s'était agi que d'un motif d'aussi faible importance.

Non, décidément, il y avait là quelque mystérieux secret ; mais, quoi ?... Le hasard se chargea de me révéler le mot de l'énigme.

Un matin, le 23 février de l'autre année,

j'entrai chez Gérard sans être annoncé. Il se tenait debout devant l'étagère, et venait de déposer un petit bouquet de violettes sous la tête de l'autruche de bois. En me voyant, il rougit.

— Tiens, lui dis-je en désignant l'objet, il lui faut un oreiller de fleurs ?

Alors, sans se retourner, Gérard me parla ainsi :

*
* *

— C'est ma fête aujourd'hui, et, comme tous les ans, je viens de mettre près de mon autruche de bois, — car c'est une autruche, — le petit bouquet de deux sous que je retirerai ce soir. Et ce soir, en aspirant leur parfum, j'entendrai ces pauvres violettes me rappeler une histoire très lointaine, mais très vivante dans mon cœur.

Quand j'étais enfant, ma famille, fort nombreuse, me gâtait aveuglément, et ma fête était un signal qui faisait tomber autour de moi, de toutes les mains, ces folies charmantes et coûteuses que les industriels savent créer pour le plaisir des petits. Un jour, particulièrement, — j'étais entre cinq et six ans, — j'avais reçu des jouets de toutes sortes, et je me sentais ravi. Il y avait des forts, avec des canons et des soldats qu'on pouvait descendre de leur cheval, et des ponts-levis que de fines chaînettes aidaient à relever; des polichinelles, plus grands que moi, tout vêtus de satin aux couleurs claires, armés aux mains et aux pieds de grelots tapageurs, et agrémentés d'un ressort qui faisait ouvrir la bouche et entendre le nasillement d'une pratique; un fusil qui semblait être un fusil « pour de vrai »; un sabre dont je trouvais la pointe trop émoussée, mais dont je ne me lassais point d'admirer la poignée avec ses plaques de nacre aux lumières changeantes, et d'autres jouets encore; enfin, cette bête informe, cette autruche de bois.

Le soir, comme toute la famille était

réunie, je fis une véritable exposition de
ces innombrables cadeaux, expliquant, dans
mon langage naïf et enthousiaste, la part
de joie que chacun m'avait procurée ;
occupant tout le monde à la fois, pour ma
distraction personnelle, égoïste, comme
tous les enfants trop gâtés, injuste même,
et parfois méchant, on va le voir.

Enervé par le plaisir, poussé par je ne
sais quel instinct mauvais, je profitai d'une
minute où chacun gardait le silence, — le
silence d'un instant de repos bien mérité,
— pour montrer l'autruche de bois, et je
dis, avec une ironie plus inconsciente
qu'ingrate : « Ça, je le donnerai demain à
Honorine (ainsi se nommait ma bonne)
pour allumer son feu. »

On sourit ; on n'osa pas rire ; quelques
personnes firent même comme si elles n'a-
vaient rien entendu. C'était une vieille
tante qui m'avait apporté cette horreur de
bête, et l'on savait que, pour la pauvre
femme, toute dépense, si faible fût-elle, en

dehors de son maigre budget, était un sacrifice.

Riche autrefois, ma tante avait été ruinée par son gredin de mari, et, pendant son lourd veuvage, qu'elle supportait avec infiniment de dignité, la misère, plus d'une fois, était venue grincer à sa porte.

Pourtant, comme elle m'aimait de toute son âme, elle s'était bien gardée d'oublier le jour de ma fête ; elle était arrivée à pied, par un temps de froide neige, avec son jouet : et voilà comme je l'en remerciais !

A peine avais-je laissé échapper la maudite boutade, que je regardai la vieille femme d'un air que je voulais rendre insolent ; elle baissait tristement sa tête pâlie ; ses deux mains ridées se serrèrent l'une contre l'autre dans une étreinte désespérée. Alors, j'allai me jeter dans ses bras, qui s'ouvrirent bien vite pour me recevoir. Je baisai ses yeux humides ; je lui demandai pardon tout bas ; je la forçai à mettre un peu de gaieté dans ses longs regards malheureux et résignés. Et la pauvre tante, à qui je venais de faire tant de mal, me pressait contre sa poitrine et en m'embrassant répétait de sa voix attendrie : « Comme tu es bon, mon Gérard, comme tu es bon !... »

Tous les autres jouets ont été disloqués, brisés, perdus ; mais j'ai gardé mon autruche de bois. Depuis dix ans bientôt que ma tante n'est plus, je ne laisse jamais passer le jour de ma fête sans placer, comme je viens de le faire, ces deux sous de violettes près du souvenir d'autrefois.

Il me semble que c'est la pauvre vieille qui me les rend le soir ; il me semble que j'entends encore sa chère voix un peu grêle me dire : « Tu es bon, mon Gérard ! »

Non, je ne suis pas bon, mais j'ai compris combien « les enfants terribles » sont... terribles avec leurs franchises brutales. J'ai compris aussi combien la vieille tante avait souffert à cause moi dans sa tendresse et dans son amour-propre. Et du petit coin d'azur où elle se cache maintenant, dans l'éternelle sérénité de l'au-delà, nous causons tous les deux ; nous relisons cette page déjà lointaine de notre vie familiale, et c'est ce vilain jouet qui reçoit nos confidences. Aussi j'ai fini par le trouver joli. Sa vue, loin de me choquer, me plaît et fait palpiter en mon cœur la plus douce, la plus attachante émotion...

** **

Gérard s'arrêta : du doigt, il essuya une grosse larme qui coulait le long de sa joue. Je lui tendis ma main qu'il pressa, et maintenant, le 23 février, ce n'est plus sur un seul, mais sur deux bouquets de violettes, que sommeille la petite autruche de bois.

JEAN-MAIN-DE-FER

IDYLLE SIMPLE

Quand il eut quitté la fête de Bermonville et qu'il eut fait un bout de chemin dans le bois, de l'autre côté duquel il logeait, Jean s'arrêta, s'assit au bord du sentier qui formait talus, et se mit à rêver, ayant devant lui le petit *lac des Fées*, qu'on apercevait à travers les arbres, tout argenté par la lune ; ayant au-dessus de lui tout le semis d'étoiles d'une claire nuit d'août.

Et Jean remuait en son cerveau de paysan simple une masse d'idées qui le troublaient. Cette fête, où il avait éprouvé une grande joie, lui laissait maintenant une grande tristesse. C'est qu'*elle* n'était plus là, elle, la reine de la fête, Thérèse Dumont, si belle, que tous les gars des environs en parlaient avec enthousiasme ; si bonne, que jamais propos désobligeant n'avait osé effleurer sa réputation d'honnête fille. Et Jean se remémorait lentement, péniblement, tous les incidents de la journée.

D'abord, tous les garçons s'étaient rassemblés, et, sous la présidence de M. le maire, avaient voté que Thérèse Dumont serait la reine de la fête. Cela avait bien fait loucher quelques filles qui depuis plusieurs semaines espéraient cette faveur ; mais, en définitive, chacun tenait la chose pour juste, ou du moins n'osait pas manifester d'opinion contraire. Tout le monde, au reste, connaissait cette reine d'un jour, dont les moindres volontés devaient être exécutées ; et l'on savait qu'avec Thérèse Dumont la fête ne pouvait manquer d'être fort belle.

*
* *

Mais quelle était donc cette Thérèse Dumont, dont on faisait tant l'éloge ? Son vrai
nom était Thérèse d'Héaumont de Valjeuse,
et, en remontant dans le passé, on trouvait
un de ses aïeux conseiller au Parlément.

Thérèse était orpheline ; elle n'avait
connu ni son père, mort avant sa naissance,
ni sa mère, morte en lui donnant le jour ;
elle avait été élevée par sa grand'mère
d'Héaumont qui, n'ayant plus qu'une ferme
pour tout bien, avait démocratisé son nom,
en même temps qu'elle s'était faite paysanne.

Et les deux femmes vivaient ensemble,
en véritables fermières : l'une toute blanche,
avec ses soixante-douze ans ; l'autre toute
blonde et toute rose, avec ses dix-huit ans ;
faisant autour d'elles le plus de bien possible, connaissant surtout les pauvres et les
malades d'alentour ; deux âmes simples, et
par conséquent deux âmes fortes, qui avaient
conservé de leur ancienne splendeur non

pas une fierté, mais une dignité naturelle ; si bien qu'au lieu de dire, comme on le faisait de toutes les autres femmes du bourg, *la mère Dumont* et *la Thérèse*, on disait toujours, sans malice aucune, *madame Dumont* et *mademoiselle Thérèse*.

Et puis la ferme était grande, bien soignée, bien vivante, et l'on prêtait volontiers une fortune rondelette aux dames de *la Tourelle*, — c'est ainsi que se nommait leur ferme, à cause d'une petite tour jetée sur l'un des côtés de la construction par la fantaisie d'un architecte. Le fait est que Mme Dumont avait encore une certaine aisance, et, sous le rapport de la dot, Thérèse devait être un parti sérieux. Mais revenons à la fête de Bermonville.

*
* *

La journée s'était écoulée rapidement en jeux de toutes sortes ; et, le soir venu, les gars étaient venus offrir à leur reine un gros bouquet cueilli par eux. Alors Thérèse

avait pris les fleurs et les avait distri-
buées aux jeunes gens agenouillés autour
d'elle. Cette cérémonie était la cérémonie
un peu mystique de la fête. Chaque gars
était chargé d'une sorte de fleur pour le
bouquet traditionnel, et la reine devait
ignorer ce choix. Mais chaque gars souhaitait de voir sa fleur lui revenir dans le partage du bouquet ; et l'on prétendait que plusieurs unions heureuses s'étaient décidées
de ces rencontres. Pourtant, en sujets
obéissants et soumis, les jeunes gars devaient recevoir de la reine la fleur qui leur
était offerte, sans rien révéler de la volonté
du hasard ; c'est le vieux curé de l'endroit
qui avait établi cette prudente mesure, un
jour que deux rivaux, ayant reçu leurs deux
fleurs, voulaient, de jalousie, en venir aux
mains.

Jean avait cueilli le bluet, et Thérèse
avait donné à Jean un bluet : c'est là ce qui
l'avait rendu heureux tout à l'heure ; c'est
là ce qui l'attristait, maintenant qu'il était

seul, pressant la fleurette pâlie dans ses
mains.

*
* *

Non, c'était fou à lui de penser à des choses pareilles ! Est-ce qu'un bonheur si
grand, si tendrement souhaité, — si cruellement souhaité — était fait pour lui, enfant trouvé, élevé de charité publique,
s'employant comme garçon de labour ou de
ferme, un malheureux, quoi ! sans le sou.

Pourtant, lorsque le brave curé avait
accordé son violon pour accompagner la
première danse — la danse du bon Dieu,
comme on disait à Bermonville — la reine,
Thérèse, l'avait choisi pour lui donner la
main, et leurs regards s'étaient plusieurs
fois rencontrés. Après tout, n'était-il pas un
bon ouvrier, un travailleur consciencieux,
honnête, droit, loyal ? Il n'avait aucun en-
nemi. Ses patrons lui accordaient un esprit
sain. Thérèse devait savoir tout cela : elle
le connaissait dès l'enfance ; c'était une

fille de sens et de cœur ; peut-être que...
Allons donc! n'était-elle pas riche, tandis
que lui vivait au jour le jour? N'était-elle
pas libre, tandis que lui était en condition ?

Et puis les prétendants ne manquaient
pas : il y avait le fils du maire, un bellâtre
qui se piquait d'avoir du succès auprès des
dames ; il y avait le fils du maréchal-ferrant, qui était substitut depuis peu, un
monsieur celui-là, dont les courtes appari-
tions à la maréchalerie avaient le don de
piquer au dernier point la curiosité du
bourg ; et d'autres encore.

Non, décidément, Thérèse Dumont ne
serait pas à Jean! Et Jean, en arrivant à
cette conclusion, sentant une émotion poi-
gnante lui serrer le cœur, se leva et se remit en route : on pleure moins facilement
quand on marche.

Le bois était clair sous la nuit pleine d'é-
toiles : dans le silence interrompu quelquefois par un cri d'oiseau ou le dernier
trille d'un rossignol, les branches molle-

ment balancées devaient se dire de tendres choses et les fleurs échanger de douces senteurs.

*
* *

Quelques mois après : devant la Tourelle en flammes, tout le bourg est rassemblé. L'escalier s'est effondré : le bâtiment semble une fournaise. Les pompiers de la commune sont bien accourus, mais l'eau manque et les empêche d'être partout à la fois. Par une fenêtre, un homme descend, à l'aide de draps noués, une vieille femme évanouie. Les assistants suivent ce sauvetage avec angoisse.

Comme le corps arrivait à portée des bras tendus pour le recevoir, le sauveteur, qui a l'œil à tout, malgré l'horrible chaleur dont il souffre, aperçoit, comme une masse de feu, un morceau de solive qui craque et va se détacher du toit, juste au-dessus du cher fardeau qu'il protège. Il lâche aussitôt le drap, et d'une main puissante écarte le morceau qui s'écroule. Puis, comme un craquement se fait entendre sous ses pieds, avec moins de temps qu'il n'en faut pour le dire, il mesure des yeux la hauteur de l'étage, jette un cri d'avertissement et saute par la fenêtre, assez tôt pour n'être pas écrasé entre le plafond et le plancher qui sont engloutis dans le brasier, envoyant vers le ciel une colonne de flamme et de fumée.

L'homme qui venait de sauter ainsi, vous l'avez deviné, c'était Jean. Depuis la fête de Bermonville, il n'avait cessé de languir, et l'incendie de la Tourelle, survenu, on ne sait comment, était une trop belle occasion de risquer sa vie, pour qu'il la laissât échapper. Et puis c'était mourir pour *elle*, c'était presque mourir par *elle*. Il avait bien songé à partir pour l'armée, avant le sort, à travailler pour revenir gradé. Mais, à son retour, ne l'aurait-il pas trouvée mariée, sa petite reine de la fête ? Non, décidément, cet incendie était venu à point, pour être son bûcher. Pourtant, au dernier moment, il avait redouté la longue torture et il avait sauté.

Sauté adroitement, d'ailleurs. Quelques contusions seulement. Mais la main qui avait écarté le bloc de feu de la tête de Mme Dumont, cette main était horriblement blessée, et la douleur qu'en ressentit à cet instant le pauvre garçon le fit s'évanouir..

*
* *

Près de la fenêtre de la Tourelle reconstruite, Mme Dumont, très affaiblie depuis l'émotion du sinistre, est assise : ses cheveux semblent plus argentés ; sa figure, très douce, très résignée, est pâle : son regard semble errer au delà de la ferme, sur la plaine silencieuse et couverte de neige. A quoi rêve-t-elle ? Le substitut, le fils du maréchal-ferrant, est venu lui faire une visite ; il était tout habillé de noir et ganté de gris perle : il a parlé de Thérèse, l'a demandée en mariage. Mais comme il se re-

tirait, Mme Dumont a aperçu Jean qui passait, et par un pressentiment elle n'a rien
promis, rien répondu.

Jean ! pauvre et brave garçon ! Depuis la
fameuse nuit, on l'a gardé à la ferme. A la
place de sa main droite, il porte un appa-
reil qui l'a fait surnommer dans le pays
Jean-Main-de-Fer, et de ce sobriquet Jean
est fier. Cela ne l'empêche pas de travailler ; il s'efforce au contraire de multi-
plier les services par lui rendus. Seulement,
aux jours de repos, aux fêtes, il passe de
longues heures tout esseulé, le front mélancolique, la pensée envahie par une incorri-
gible tristesse. Elles sont pourtant pleines
de gratitude pour lui, les dames de la Tourelle, et plus d'une fois, comme elle l'avait
surpris les yeux baignés de larmes, Mme Dumont l'avait pressé sur son cœur en l'appe-
lant : « Mon enfant ! » et lui, par un besoin
d'affection débordante, avait répondu :
« Grand'mère ! »

Jean avait aperçu le substitut ; il avait

vu aussi le regard de Mme Dumont, et il avait deviné. Sa résolution fut bientôt prise. Justement Thérèse était seule, occupée à donner du grain aux poules. Jean s'approcha, tout tremblant, tout ému, et il parla.

— Mademoiselle Thérèse, il faut que je vous quitte.

La jeune fille se retourna brusquement, et, avec une rougeur au visage :

— Pourquoi, Jean ? fit-elle simplement.

— Il le faut... Vous vous marierez un de ces jours, et je serais une gêne pour la Tourelle.

— Vous, une gêne ? Oh ! mon ami.

Et elle baissa la tête, ne voulant rien comprendre, ne voulant pas non plus être comprise. Alors, comme s'il avait eu peur de faiblir, et de renoncer à sa détermination, Jean continua, parlant vite, parlant fiévreusement, trouvant des mots, se persuadant lui-même, en voulant persuader celle qui avait été le rêve de toute sa vie :

— Oui, vous vous marierez, et vous serez heureuse comme vous le méritez. Moi, il faut que je voie du pays. Si j'avais pu être soldat, j'aurais voyagé. Je vais marcher ; je travaillerai sur ma route... Et puis je reviendrai vous voir, vous et cette bonne grand'mère que j'aime tant... Oui, je reviendrai... dans quelques mois... Mais, voyez-vous, si je restais là, près de vous, toujours, je...

— Vous vous ennuieriez trop...

— Je m'ennuierais trop, reprit Jean avec un cruel serrement de cœur.

Mais il avait senti son secret lui échapper et cette réponse brutale lui semblait propre à celer la vérité. S'il avait osé regarder Thérèse en cet instant, il aurait lu dans ses yeux la douleur qu'il lui causait.

— C'est bien, s'efforça-t-elle de répondre.

Et elle allait rentrer à la ferme ; mais Jean lui tendit, enveloppé dans un papier, un bluet desséché.

— Le reconnaissez-vous ? fit-il.

Thérèse le saisit, et, tout en larmes, s'en fut en courant près de son aïeule.

*
* *

Alors il sembla à Jean que tout s'effondrait autour de lui ; lui, qui aurait affronté la mort si hardiment, il souffrait maintenant mille morts à la fois. Ainsi, non seulement il était torturé jusqu'au sentiment le plus intime de son être, mais encore il avait fait pleurer Thérèse, à qui il sacrifiait tout son bonheur, toute une vie de sereine et laborieuse modestie.

Mais point de regrets ! Il n'était plus temps, et puis n'avait-il pas fait son devoir en agissant ainsi ? L'aveu d'un amour que son infirmité eût rendu inutile, peut-être ridicule, il n'aurait pas eu la force de le retenir toujours, et le mariage, imminent sans doute, de Thérèse, avec le substitut, eût été l'occasion d'un éclat dont il ne se serait pas consolé. Tandis que maintenant...

Et pendant que Jean-Main-de-Fer s'effor-
çait d'entrevoir, dans un avenir incertain,
nne heure d'apaisement, tout son corps
était secoué par un débordement de sanglots. C'était peine à voir, que ce garçon de
vingt ans, échoué dans son désespoir, pauvre âme désemparée, triste épave d'une injuste fatalité.

Mais la fenêtre de la salle basse s'est ouverte, malgré le froid qui y pénètre.
Mme Dumont paraît, debout, le visage
éclairé de joie. Elle presse contre son cœur
tout palpitant le front rougissant de Thérèse,
et après un instant :

— Jean-Main-de-Fer, s'écria-t-elle, viens
embrasser ta femme !

UN LISEUR DE PENSÉES

Ivan Passinov avait reçu de la nature ce pouvoir singulier de lire dans la pensée des personnes avec qui il se trouvait en rapport. Cela fut le point de départ de sa fortune et de sa fin malheureuse. Voici dans quelles circonstances : il s'en allait de ville en ville, louant des salles de concert ou de café pour y donner dès séances. Le succès était grand pour lui, mais c'était un succès que le public ne lui accordait pas sans un peu de terreur.

Songez donc : un homme qui, dès qu'il vous approche, lit dans votre âme comme dans un livre.

Ivan Passinov en souffrait ; car il était

ambitieux, Ivan Passinov, et il avait de
furieuses impatiences devant sa misère. Et
puis, le spectacle de tant de forfaits im-
punis s'était dévoilé à ses yeux qu'il avait
un peu perdu de sa conscience inflexible
sur le chapitre du bien et du mal, et à certain moment, que les philosophes d'aujour-
d'hui appelleraient le moment psycholo-
gique, il ne méritait plus l'épithète de
« très vertueux » qu'on lui avait décernée
à la suite d'une arrestation de receleur
faite sur ses indications. Un jour, dans une
auberge aux environs de Dresde, il se lia
avec un meunier nommé Wilhelm Bürger.
Tandis qu'il faisait une partie d'échecs où
Bürger était obstinément heureux, Ivan
Passinov était préoccupé et nerveux.

— Vous lisez trop mon jeu et ne songez
pas au vôtre, lui disait avec un gros rire
Bürger, que sa chance et la bière rendaient
expansif.

— Peut-être bien, se contenta de répondre Ivan.

La partie s'acheva et fut suivie de plusieurs autres encore perdues par Ivan. Bürger exultait avec une raillerie bonasse sur sa face ronde; ils se retirèrent de compagnie.

Un an s'était écoulé. Ivan, riche maintenant, au retour d'une longue tournée dans l'Ouest, très prospère, prétendait-il, fut curieux de voir l'auberge, près de Dresde, et, dès qu'il y fut entré, demanda si Wilhelm Bürger était là pour lui donner sa revanche aux échecs.

— Ah! monsieur Ivan, s'écria l'aubergiste, il y a longtemps qu'on souhaitait votre retour. Vous ne savez donc pas? Ce pauvre Bürger... Mais tenez, voilà sa fille qui a appris votre arrivée, et vous contera cette mystérieuse histoire.

En effet, sur le seuil, une jeune fille blonde et simple, avec de l'attendrissement plein les yeux et de la douleur plein le cœur, venait de paraître. Elle s'arrêta, comme cherchant à reconnaître, au milieu

des buveurs, celui qu'elle désirait interroger.

— Le voilà, Marthon, dit l'aubergiste en
désignant du doigt Ivan.

Alors, elle s'approcha, très timide, mais
très résolue, et, s'étant assise sur un esca-
beau près d'Ivan qui l'avait saluée un peu
solennellement, elle lui parla ainsi :

— Monsieur, vous êtes un clairvoyant,
et vous êtes bon. Vous m'aiderez à retrouver l'assassin de mon père, car il a été assas-
siné, monsieur, il y a un an. On a retrouvé
son cadavre dans la rivière, près de la
chute du moulin ; il avait la gorge coupée
et cela ôtait toute idée de suicide ou d'accident. Le jour même où il disparut il était allé
à la ville acheter de la rente, et il m'avait
promis un bonnet brodé d'or pour la fête.

— Et la justice, la police? interrogea lentement Ivan.

— La police a cherché, mais en vain, et
la justice...

— Elle est restée assise, interrompit

brutalement l'aubergiste, qui avait écouté
le récit de Marthe. Voyez-vous, monsieur
Ivan Passinov, si vraiment Dieu vous a
donné le pouvoir de découvrir les crimi-
nels, voilà pour vous une belle occasion
d'en user.

— J'en userai, fit Ivan avec décision.

— Comme je vous remercie ! dit Marthe,
en prenant ses mains et les mouillant de
larmes.

Après avoir salué Marthe, il suivit avec
un calme majestueux la fille de l'auberge
qui lui indiquait le chemin, et le précédait
dans l'escalier de bois rustique, un lourd
chandelier à la main.

— Va, mon enfant, dit à Marthe l'aubergiste ; cet homme-là, c'est du bonheur pour
toi. Au revoir.

Marthe sortit, et, pendant qu'il fermait
ses volets, on entendit l'aubergiste murmurer : « Ah ! si je le tenais, l'assassin de
Bürger ! Aussi, pourquoi massacrer un si
bon client ? »

*
* *

« Maman ! maman ! regarde donc le joli bonnet ! » L'enfant qui parlait ainsi était un bambin de six à sept ans, avec de beaux yeux bleus et de longs cheveux tout bouclés. Sur son petit poing fermé, il avait mis un bonnet brodé d'or, au tissu passé de ton, aux plis écrasés, qu'il avait trouvé, en furetant, dans une cassette que son père tenait toujours fermée, mais qui, ce jour-là, par hasard, avait encore la clef dans sa serrure.

La mère, Mme Passinov, vous l'avez compris, Marthe, la fille du meunier Bürger, retira vivement l'objet des mains de l'enfant, le remit à sa place dans la cassette, et s'adressant à son fils :

— C'est mal, ce que tu as fait là, Hermann. Tu sais que ton père défend qu'on ouvre cette cassette. Ne lui dis jamais que tu lui as désobéi ; sans quoi, il ne t'aimerait plus, ni moi non plus.

L'enfant embrassa Marthe, essuya ses larmes, et vite, avec la chère insouciance de son âge, alla jouer dans la pièce voisine.

Alors Marthe se laissa tomber sur une chaise ; ses joues s'étaient couvertes d'une pâleur de cire, et son cœur, après avoir battu précipitamment, semblait près de s'arrêter. Oh ! l'horrible blessure qui se creusait en son sein ! Quoi, cet homme qu'elle avait choisi pour venger l'assassinat de son père ; quoi, cet homme à qui elle avait donné tout son amour, toute sa jeunesse ; cet homme dont elle avait fait son appui, pour mieux voir en lui son espoir, cet homme-là, le père de son enfant chéri, cet homme-là serait un misérable, un meurtrier, un bandit, un voleur de grand chemin !

Ce vertueux, acclamé dans toutes les villes, serait un infâme ! Oh ! non ! non ! cela était impossible ! Elle était le jouet d'un mauvais rêve ! Être l'épouse de l'homme qu'elle avait maudit sur le cadavre ensanglanté de son père! Avoir pu un seul instant aimer ce monstre... et l'aimer encore!

Oh! non, cela ne se pouvait pas! Pourtant, malgré tous ses efforts pour repousser le spectre noir qui se dressait devant elle, elle sentait son cœur tenaillé par une cruelle appréhension.

*
* *

Ivan Passinov rentra ; il était tout joyeux et tout fier.

« Marthe, mon amie adorée, réjouis-toi ; le prince a été ravi et, demain, c'est devant toute la cour que je renouvellerai mes expériences. Quel succès! C'est toi, mon adorée, qui me portes bonheur. »

Et il pressa tendrement la jeune femme dans ses bras. Mais que se passe-t-il? Un frisson a parcouru tout son être. Lui, qui a découvert tant de crimes, il en aperçoit un qui l'émeut et le fait trembler.

Oui! il y a huit ans; il fait nuit noire ;

deux hommes marchent en causant sur la lisière d'un bois. L'un est riche meunier; dans la poche de son manteau il apporte un bonnet brodé d'or, et dans le bonnet il a écrit, sur un papier épinglé, un titre de rente au porteur : « *Ce bonnet servira de bourse pour un jour; j'y dépose la dot de ma fille bien-aimée.* »

L'autre est une sorte de prophète, un liseur de pensées, un malheureux. Tout à coup, le malheureux se jette sur le meunier armé d'un couteau, lui ouvre la gorge; puis il prend le bonnet brodé d'or...

Mais ce cadavre, où le cacher?... Le moulin est à cent mètres : la rivière est profonde et rapide. C'est cela... Oh! comme ce corps est lourd! mais il le faut!... Là, sur ses épaules... Oh! ce fardeau encore chaud!... s'il allait revivre, s'il allait crier!... Non!... vite!... vite!... là... Un bruit de choc sur l'eau... de la mousse autour d'un point noir, puis un cercle qui va en s'élargissant, puis

plur rien... la surface unie et le silence...
qui fait tant de bruit pour ceux qui ont
peur.

Et qui est-ce qui pense à tout cela, à
cette scène d'abominable crime? C'est Marthe, c'est sa femme, celle qu'il a promis de
venger.

Elle ne dit rien pourtant, et répond par
des mensonges à Ivan qui la questionne.

Parbleu! Comment oserait-elle dire la
vérité, dire qu'elle a surpris le secret de
cette fortune rapide? Elle pense aux suites
d'un pareil aveu. La main qui a frappé le
père frapperait bien la fille. Et que devien-
drait l'enfant dans cette honte, dans cet
effondrement!

Sa fille!... Marthe! sa femme qu'il
chérit!... Et pourtant... Demain, n'est-ce
pas la gloire pour lui? Toute la cour as-
semblée pour le voir, l'entendre et l'admirer. Mais non! Tandis que Marthe est
obsédée d'une seule pensée, Ivan subit
cette obsession. L'âme de Marthe est pour

lui le livre du remords obstinément ouvert
à la page sanglante. Alors il ne peut plus
se contenir.

— Marthe! Marthe! Tu mens! Tu sais
tout : Ta pensée se dresse devant mes yeux,
menaçante! Pardonne-moi! Pardonne-moi!
Je suis un misérable!

Et tandis que la pauvre femme était
étendue évanouie sur le plancher, Ivan,
s'étant saisi du bonnet brodé, courait par
les rues, en criant : « Prince, livrez mon
corps au bourreau; c'est moi qui ai tué
Wilhelm Bürger! ».

*
* *

Marthe fut interrogée; à cause de l'enfant, elle étouffa son aveu sous un douloureux silence; et malgré toutes les preuves
fournies par l'assassin sur son crime, les
juges firent interner Ivan Passinov dans
une maison de fous.

IDYLLE FROIDE

Le cœur humain a d'étranges mystères :
les individus se rapprochent et se séparent, s'aiment et se haïssent, sans savoir
quelles lois guident leur conduite, sans
savoir même si leur façon d'être est bien
logique. Le psychologue doit se borner,
jusqu'à ce que la science ait dit son dernier mot, à observer et à noter : c'est ce
que nous avons fait. Peut-être de tous ces
documents humains la vérité jaillira-t-elle
un jour.

I

Ils étaient deux frères ; elles étaient deux sœurs. Tous quatre s'étaient rencontrés, et, tout de suite, il y avait eu échange de sympathie. Puis, après quelques jours, on avait parlé choses tendres, et quiconque aurait trouvé sur son passage les deux couples marchant silencieux aurait certainement gagé : « Voici des fiancés bien épris ! » — Erreur complète. L'un des deux frères aime ailleurs, et écoute distraitement la voix de sa compagne nouvelle ; l'autre frère aime éperdument l'autre sœur, mais l'autre sœur n'a plus son cœur à lui donner.

Et voici qu'un beau soir, où les étoiles parlaient d'amour, où la lune riait malicieusement dans le floconnement bleuté des nuages, où le rossignol lançait dans le silence des bois ses trilles les plus pénétrants, voici qu'il ne reste plus des deux couples d'hier qu'une sœur qui se lamente, qu'un frère qui verse, lui aussi, des larmes de désespoir. Les deux abandonnés se regardent d'abord avec défiance ; mais, sous l'effort de la douleur commune, pressés par le besoin des confidences pénibles, ils se sont pris la main, et ils marchent à leur tour, sous la clarté sidérale, comme deux enfants, pleurant chastement la douceur de leurs illusions perdues, et ayant une irrésistible envie de consolations, dans le vide qui se fait autour de leur cœur. C'est alors que commence une exquise amitié, une amitié toute fraternelle, faite de dévouement et d'abnégation.

Chacun ne songe plus qu'à l'autre; chacun refoule au fond de lui-même les sanglots près d'éclater; chacun rappelle dans son regard le sourire des soirs heureux, toute la jeunesse de son âme virile, et nerveusement il jette comme un voile, un semblant d'oubli sur la meurtrissure de son être aimant. Tous deux en souffriront davantage lorsqu'ils seront de nouveau seuls, avec tout un passé de bonheur qui les nargue, sous l'écroulement de leurs rêves d'avenir.

II

Pourtant, à force de se sentir entourés de tendresse pieuse, de mille petits soins empreints de la plus exquise délicatesse, ils ont vu s'éteindre chaque jour le feu de leur passion brisée. *Elle* avait pour *Lui* parler les expressions de la plus sincère amitié; *Elle* lui contait, comme une enfant confiante et chaste, les moindres événements de sa journée, ses pensées, où tous deux se trouvaient mêlés, ses rêves où la résignation n'avait plus aucun triomphe à remporter. *Lui*, d'autre part, avait pour *Elle* les égards les plus respectueux, les plus sympathiques; il l'intéressait à ses travaux d'art — car il était artiste — prenant son avis, son goût, obéissant, par une condescendance instinctive, sans rien de forcé; enfin c'était la vie à deux, délicieuse, parce qu'elle était dépouillée d'égoïsme; pure, car on n'avait pas parlé de ce que la nature appelle amour; libre, car aucun ne sentait peser sur ses actes une chaîne, quelque légère qu'elle fût.

Pourtant les mois s'étaient succédé, et l'amitié devenait plus intense entre ces deux êtres qu'une profonde et sincère affliction avait réunis. *Lui*, prenait un plaisir inexpliqué à déposer de longs baisers sur le front de la jeune fille, et il se demandait parfois s'il ne l'aimait pas éperdument. *Elle*, aimait sentir la lèvre chaude de son ami lui donner ces chers baisers, et avec la grâce et l'abandon d'un enfant, sans songer à rien qui fût mal, elle entourait son cou de ses deux bras étroitement serrés. Ah! l'amitié était mise là à une trop rude épreuve; l'amour tendait son piège depuis longtemps, mais son triomphe ne fut pas immédiat.

Un soir, les lèvres se rencontrèrent;

mais, par un retour subit aux débuts de leur liaison, ils rejetèrent leurs têtes en arrière, leurs bras se délièrent, et ils comprirent, avec un serrement de cœur qu'ils ne devaient jamais s'aimer.

III

Ils se voient tous les jours, mais ils se défient d'eux-mêmes. Les souvenirs du passé se sont éveillés, pour mettre un obstacle à leur bonheur. En vain ils veulent les repousser, s'en faire un jeu ; leur défection leur semble une lâcheté, et tous deux, en désespérés, se rattachent à leur ancienne blessure. Trop tard : le mal est cicatrisé ; il n'en reste plus de trace. Seule, une plaie nouvelle déchire leur cœur, plus large, plus cuisante, plus incurable que l'autre. Bref, ils se haïssent maintenant : ils emploient toute leur force à se torturer ; au lieu de cette résistance faite de douceur et d'affection, c'est une recherche constante de ce qui peut être dur, méchant, mortifiant; et pourtant ils ne peuvent se passer l'un de l'autre; chaque jour ils sont présents au rendez-vous. Ils subissent, plus qu'ils ne les acceptent, les rigueurs de leur destinée fatale, et si parfois ils semblent rassérénés, c'est qu'ils ont en eux-mêmes l'espoir d'une réparation future. Ils ont eu leur révolte contre les entraînements d'une passion banale et ils ont triomphé. Mais dans ce triomphe même ne doivent-ils pas puiser leur grande consolation, la force ré-signée dont ils ont besoin? N'ont-ils pas la conscience du devoir cruellement mais loyalement accompli? Ah! la nature est plus forte que toutes les volontés, et le retour au néant est le seul moyen de lui échapper. La mort, est-ce donc si ter-rible?...

IV

Le jour commence à poindre; dans une petite chambre dont les rideaux sont en-

tr'ouverts, un réchaud renferme encore
quelques braises allumées, d'où s'échappe
le gaz subtil et mortel.

Par un raffinement, des grains d'encens
mêlent leurs vapeurs bleues à l'odeur âcre
de l'acide, et l'on respire dans cette pièce,
que la mort vient de visiter, comme les
parfums de fête d'une chapelle, pendant un
jour d'hyménée. Sur le lit non défait, *Elle*
et *Lui* sont couchés côte à côte; leurs
mains se pressent dans une suprême
étreinte; tous deux sont vêtus, *Lui* de
l'habit noir, *Elle* de la robe blanche des
fiancées. Leur immobilité bientôt rigide
semble une extase. Ils ont dû sentir le lent
engourdissement les paralyser avec une
calme progression; l'approche de l'éternelle
liberté a dessiné sur leurs lèvres un sourire
de béate jouissance, et leurs yeux grands
ouverts, fixement dirigés au ciel, semblent
suivre dans l'espace vague l'envolement de
leurs deux âmes ici-bas torturées, mais à
jamais réunies dans l'au-delà!... Et voilà

que tout l'essaim des préoccupations humaines va venir encore bourdonner autour
d'eux. Leur mystère si pur, si grand, éveil-
lera les curiosités malsaines de la foule. De
ces deux êtres, qui sont tombés vainqueurs
dans la lutte, et qu'une irrésistible force
poussa dans les bras de la mort, plutôt que
de leur laisser parjurer une passion toute
virginale, qui donc prendra la défense?
Qui saura les plaindre? Epargnera-t-on les
insultes à leur mémoire? Les insultes. Cet
héroïsme des faibles et des souffrants,
n'a-t-il pas droit aux anathèmes d'un bour-
geoisisme repu? Et pourtant, devant cette
chambre close, devant ce charbon qui
fume, devant ce lit, devant ces deux êtres,
ces deux enfants étendus sans vie, la main
dans la main, et la lèvre souriante, qui
donc osera dire que ce n'est pas l'amour
qui les a tués?

UNE VISION D'ALLORI

Au peintre Gabriel Guay.

Lorsque, le 21 octobre 1596, ses amis trouvèrent le peintre Christopharo Allori, l'élève favori de Civoli, mort dans son lit, on comprit que le dernier effort du grand artiste avait été de poser la main sur un missel fermé près de lui, comme si les feuillets du livre saint eussent contenu un secret, et que ce secret, Allori eût voulu l'emporter avec lui dans la tombe.

Toute la haute société de Pise, qui connut ce détail, ne manqua pas d'y voir un appel aux prières publiques, et les méchantes gens en conclurent que, s'il fallait tant de voix pour porter l'âme du défunt jusqu'à Dieu, c'est que cette âme devait traîner après elle un formidable bagage de péchés et de crimes. On fit donc à l'artiste regretté de pieuses et touchantes funérailles : tous ses admirateurs, et ils étaient une armée, demandaient avec tant de sincérité l'absolution du pécheur, qu'un rayon de soleil vint dorer la bière au moment où l'officiant terminait ses dernières prières, comme pour annoncer que l'âme bienheureuse d'Allori venait d'entrer pleine de gloire et saluée par les élus dans le royaume de la lumière éternelle.

Le missel fut déposé dans la bibliothèque d'un couvent de Pise, sans que personne eût songé à l'ouvrir.

Comment ce missel cessa-t-il de faire partie des collections du couvent ? Je l'ignore. Ce que je sais, c'est que tout dernièrement j'eus la bonne fortune de l'avoir entre les mains, et je lus sur les feuilles de la garde le récit suivant :

« Au nom du Père, et du Fils, et du Saint-Esprit, ainsi soit-il.

» Cette vision, que je vais relater, a flotté dans mes rêves pendant la nuit de dimanche à lundi, jour du Seigneur et premier jour du divin mois de Marie (1).

» Or, depuis que dans mon âme l'ange qui préside au culte sacré de l'art a élu domicile, jamais il ne m'avait chanté si si béate et merveilleuse antienne.

» J'étais dans un grand atelier, tout garni de brocarts précieux et de riches tableaux. Sur le chevalet, une toile commencée ; devant moi, une femme admirablement belle dans sa complète nudité. Mon regard ne la troublait aucunement, et tels étaient le calme et la candeur de sa virginité que moi-même je rougissais de pudeur devant son confiant abandon. D'ailleurs, je n'étais plus un homme : ma nature sensuelle s'effaçait pour ne plus laisser vivre de moi que

(1) Peut-être en 1578. Cette année-là, le 1er mai tomba le dimanche.

l'être sensitif, à la fois penseur et artiste.
Ce corps m'apparaissait comme une clarté
dont mes yeux s'enivraient, mais que ma
main eût été incapable de toucher, que
mon bras n'aurait pas su étreindre, que ma
lèvre aurait vainement effleurée d'un baiser. Et pourtant je voyais la vie dans cette
forme ; je voyais des bras qui s'arrondis-
saient sous la tête, des doigts effilés qui se
jouaient dans la lourdeur des longs cheveux noirs ; je voyais une gorge ferme, aux
pointes rosées, palpiter lentement, majes-
tueusement, comme si la marche des heures
eût été rythmée par les pulsations de son
cœur. Je voyais, sous l'éclat éburnéen des
jambes, des muscles se tendre et frissonner ; je comprenais que ces flancs si
calmes, si complètement innocents des
mystères charnels, pourraient se déve-
lopper pour l'âpre et cruel martyre de la
maternité, pourtant attendue et bénie. Et
mon pinceau courait sur la toile, et malgré
le démon tentateur qui me montrait la

femme et me tendait, en ricanant, le fruit défendu, je ne voyais qu'une vierge sainte, une admirable créature de Dieu, que tous les contacts terrestres eussent souillée ; et je me demandais, dans ces minutes de labeur silencieux et fécond, si vraiment j'étais encore de ce monde, tant j'avais de joie pure, tant le beau m'apparaissait d'impalpable et d'irréductible essence !

» Mais tout à coup ma patricienne, — car c'était une vraie patricienne, amenée chez moi par son impassible appétit d'artiste — ma patricienne se levait, et une abbesse, toute drapée dans son costume monastique, jetait sur ses belles épaules nues une large draperie écarlate.

» Oh ! l'étrange tableau ! D'une part, le profil ascétique de l'abbesse, grave dans ses fonctions de surveillante, et semblant seule rappeler quelque chose de mâlement terrestre ; d'autre part, la forme que je venais d'étudier, près de s'évanouir sous l'étoffe aux tons fauves ; la clarté qui m'avait enchanté et ébloui près de s'éteindre. C'était la vision magique qui me fuyait. C'était mon âme qui, après un court voyage au pays paradisiaque, revenait désolée aux tristesses de notre méchante vallée de larmes.

» Alors je tombai à genoux, et dans un élan de pieux esthétisme je m'écriai :

» — O forme angélique ! ô vierge impolluée ! ô suprême expression du beau éternel, je te salue et je t'adore ! Tu es venue et tu t'éloignes : sois bénie ! Ton image à jamais gravée dans mon âme y fera vivre l'ineffable félicité de l'amour que rien ne doit souiller, de l'amour qui jamais n'expire ! Tu portes en toi l'immuable lumière de vérité, et ceux qui ont reçu ton reflet ne connaissent pas la nuit sombre, la nuit d'erreur, la nuit de mensonge. Pour ceux que l'enfer a conquis, tu pourrais être l'abîme. Pour celui qui croit, pour celui qui sait s'isoler des fanges humaines, tu seras le signal de l'affranchissement, et tes belles mains, dans un geste de sublime envergure, indiquent de quel côté s'ouvre le chemin du triomphe. O femme ! ô coupe sacrée ! ô argile immaculée ! je me prosterne devant toi et baise l'endroit où tu posas ton pied.

» Et tout autour de moi j'entendais résonner la pénétrante harmonie des grandes orgues, et des voix, dans un juste unisson, reprenaient ma litanie. Et les murs de l'atelier, subitement élargis, devenaient les hautes murailles d'une église toute remplie de peuple. L'autel, ruisselant de pierreries et de cierges allumés aux flammes vacillant comme les étoiles, portait la patène d'or au centre blanchi par le pain du sacrifice, et, du ciboire tout ciselé par la main d'un Florentin illustre, je vis monter vers Dieu, qui lui tendait les bras, le beau corps virginal de ma patricienne, tandis qu'auprès du tabernacle, l'abbesse, toujours grave et ascétique, soutenait la draperie écarlate, tiède encore des formes envolées qui s'y moulaient.

» Alors j'ouvris les yeux, et, pour me consoler de tomber de si haut dans la réalité, j'écrivis tout ce dont il me souvenait de cette vision sur la garde de mon missel.

» Cette fois, j'avais compris combien le sacerdoce de l'artiste est proche de celui du prêtre. Tous deux nous avons notre chimère. La mienne s'appelle idéal ; la sienne se nomme Dieu. Mais toutes deux sont si grandes, toutes deux embrassent tant d'immensité, que leur mystère échappe à notre intelligence et que leurs limites nous semblent infinies.

» Voilà pourquoi sur le livre du prêtre j'ai inscrit l'hymne de l'artiste. Le prêtre ne demande-t-il pas parfois le langage de l'art pour mieux chanter la gloire de son Dieu ?

» Idéal ! Idéal ! T'es-tu, dans cette nuit dernière, révélé à moi, et, plus généreux que Dieu le Père, m'as-tu envoyé cette vision adorable pour me soutenir dans la rude montée du Calvaire ? Ainsi soit-il. »

POUR RESTER VIERGE

I

—Rue Saint-Honoré, devant une maison
douteuse, la porte cochère est drapée de
blanc. Sur la chaussée, un corbillard modeste attend d'être chargé d'un cercueil.
Quelques touffes de fleurs, quelques bouquets, quelques couronnes. Il fait un plein
soleil de printemps. Les passants se sont
arrêtés badaudement et écoutent parler les
commères du quartier, assemblées là pour
le départ du cortège.

—Oui, monsieur! Fanny était pure, la
pauvre enfant !

— Vous vous moquez, ma bonne femme ! Votre Fanny n'était qu'une vulgaire pierreuse, exerçant, comme toutes ses pareilles, son commerce de vice, depuis la cour du Louvre jusqu'au temple de l'Oratoire, en passant par les arcades de la rue de Rivoli. Les agents aussi la connaissaient bien. Que de fois ils l'ont traquée pour être sortie de ses limites ! Allons, c'était une fille, rien de plus.

— Ah ! si vous saviez, monsieur ! vous ne parleriez pas ainsi !

Et la commère, quelque concierge des environs sans doute, fit un long récit dont j'ai retenu ce qui suit :

Fille d'une prostituée et d'un souteneur (ce métier, vous le savez, a presque une existence légale, puisque les lois sont impuissantes à en arrêter le développement), Fanny avait été élevée par ses dignes parents dans cette atmosphère de vice ; et comme, toute jeune, elle avait tout vu, tout compris, elle sentait au fond d'elle un dégoût violent de tant d'infamies. Mais, à quinze ans, incapable d'être ouvrière quelque part, ayant contracté au foyer — si l'on peut appeler cela un foyer — des habitudes invétérées de paresse, elle dut, pour éviter les coups qui bleuissent les bras et le dos, et les égratignures qui déchirent les joues et les épaules, accompagner sa mère dans sa tâche de honte.

Tous les soirs, à la tombée de la nuit, vêtue d'une robe noire, les cheveux enfermés dans une résille, Fanny arpentait les trottoirs, adressant aux passants des appels impudiques, mais d'une voix si basse, si discrète, qu'on devinait une grande douleur derrière cette grande chute. La mère travaillait plus loin, le père veillait.

Alors Fanny, dans un écœurement de l'existence à laquelle on l'avait contrainte, avait, dès sa première étape, conçu un plan mis de suite à exécution, et avec une précocité bizarre en cette âme flétrie, elle se sentait un peu rassérénée.

Fanny, d'ailleurs, paraissait plus que son âge ; bien faite, de formes déjà puissantes, elle n'avait pas de peine à recruter des clients, et son père, dans un cabaret voisin, où il s'alcoolisait consciencieusement, lui souriait, avec reconnaissance quand elle passait devant la vitrine avec une nouvelle recrue.

II

Au troisième ; une petite chambre éclairée par une lampe à abat-jour rose ; un lit étroit ; un vieux canapé ; une cheminée où braisille un feu de bois ; sur le marbre, et protégés par des globes, deux vases emplis de fleurs artificielles fanées. Aux murs quelques gravures légères, pour ne pas dire obscènes ; au fond de l'alcôve un crucifix portant une brindille de buis, et au-dessous une lithographie : Lisette offrant une gerbe de fleurs à un buste de Béranger.

Fanny vient de rentrer : un monsieur

l'accompagne. Fanny ouvre aussitôt son lit ; le monsieur pose sur le canapé son chapeau et sa canne, puis, saisissant Fanny par la taille, lui baise longuement les lèvres.

Fanny est en effet très belle, dans tout l'éclat de sa jeunesse, avec le teint animé de la vierge qui va livrer une grande lutte, les yeux noirs profonds et clairs, les cheveux blonds qui tombent jusqu'aux hanches maintenant que la résille est enlevée, la gorge ferme sous le corsage qui se desserre. C'est une fille admirable, et le monsieur, qui suit chacun de ses mouvements, subit le charme enivrant de la vue, précurseur des voluptueux enlacements.

Alors lentement Fanny lui parle, pendant qu'elle se dévêt.

« Je ne suis pas gaie aujourd'hui ; mais une autre fois je rirai, car tu reviendras me voir, n'est-ce pas ! Comment t'appelles-tu ?... Je t'appellerai Marcel, j'aime ce nom-là. Tiens, à côté, dans la chambre qui est

là (et elle désignait la chambre de sa mère),
il y a une de mes amies, une fille comme
moi. Elle est morte... On l'enterre demain... C'est affreux. »

Le monsieur a bien un mouvement de
trouble, mais Fanny a les épaules si blanches, les bras si ronds, le profil si joli !

« Elle a accouché ce matin ; l'enfant est
mort aussi... Il est là près d'elle. Comme
elle a souffert !... Tu me donneras cinq
francs pour que je leur achète une couronne... de ta part. »

Le monsieur fait signe qu'il donnera ;
mais cette évocation l'interdit de plus en
plus. Pourtant, sous la chemise de batiste,
il devine un corps superbe, une de ces
carnations vivantes qui règnent dans les
peintures de Rubens ; il croit déjà sentir
l'étreinte de cette sirène et le contact de ce
derme parfumé, et il se rapproche de
Fanny, qui reprend alors, caressante :

« J'ai peur de les voir... et je voudrais
les voir... Veux-tu venir avec moi ?... Il y a

cette odeur qui vous suffoque, et puis ces
yeux convulsés, ces membres raidis par
la souffrance... tout ce sang... »

Le monsieur pâlit, mais il hésite encore.
Fanny reprend :

« Et puis... tu ne le diras pas... C'est elle
qui a tué son enfant... Etranglé... là...
comme ça... » Et elle se serrait le cou au
point de se congestionner.

Le monsieur est saisi de peur et reprend
ses effets. Fanny veut se suspendre à son
bras en lui murmurant : « Viens, que je
t'aime ! » Il est déjà loin, non sans avoir
laissé sur la cheminée le salaire convenu
du stupre... C'est là ce que Fanny avait
trouvé pour rester vierge.

III

Deux ans elle joua la même comédie à
ceux que son sourire arrêtait. Et elle en
était presque fière. Les livres qu'elle lisait
dans les heures de repos avaient éveillé, au

fond de son esprit, je ne sais quel rêve de réhabilitation. Elle se voyait mariée un jour, oubliant au milieu de sa nouvelle famille tout son passé d'ignominie, croyant pouvoir porter haut le front parce qu'elle n'avait pas subi l'outrage physique.

Un jour, elle crut son rêve près de se réaliser. Tout enfant, elle avait joué dans la rue avec le fils d'un voisin ; elle avait vu grandir ce camarade, de trois ans son aîné, et elle avait conservé au jeune homme une amitié profonde. Dans ce souvenir-là elle revivait quelques minutes vraiment heureuses, les seules qu'elle eût connues, et l'obsession de cette même pensée avait changé l'amitié en amour.

Ah ! pouvoir lui causer un instant le soir, à son retour du magasin de nouveautés où il avait un emploi, pour lui dire, à son Marcel (car c'était son nom), qu'elle n'avait pas été profanée ; qu'il pouvait mettre la main dans la sienne ; qu'elle lui rendrait tout le bonheur dont sa bonne action serait digne ; qu'elle l'aimait à en mourir. Oui, il fallait qu'elle lui parlât... Elle lui parlerait aujourd'hui même.

Fanny s'était vêtue le plus coquettement possible ; le ciel était tout étoilé, l'air tiède, un temps qui lui semblait fait exprès pour sa déclaration, qu'elle tournait et retournait dans sa pauvre cervelle de fille.

Quand il passa : « Monsieur Marcel ! murmura-t-elle, la voix tremblante.

— Tais-toi, C..., » fit le calicot en haussant les épaules, sans même la regarder.

C'en était trop. Fanny rentra chez elle, et, avec une décision qui prouve jusqu'à quel point cet amour lui tenait au cœur, elle se tua d'un coup de stylet.

Je compris alors pourquoi étaient blanches les draperies suspendues à la porte cochère.

LE JUGEMENT DE LA MARQUISE

Dans sa villa de Gênes, la marquise, assise devant son petit bureau de bois de rose, écrit des lettres, mais non des lettres d'affaires, car elle sourit en faisant courir sur le vélin armorié sa plume teintée d'encre violette.

La marquise est très aimée dans le pays ; elle a fait généreusement le bien, non par orgueil, non comme l'accomplissement d'un devoir, mais pour le seul plaisir de voir des gens heureux, des gens qui, à cause d'elle, se prissent à aimer la vie.

La portière qui ferme le boudoir s'est

soulevée timidement, et sur le seuil paraissent immobiles un homme et une femme. L'homme, un pêcheur, est grand, fort, la physionomie douce, les yeux un peu vagues, un peu battus. La femme, grande également, est belle avec ses cheveux de jais séparés en nattes, ses regards profonds, ses lèvres rouges et passionnées. Au bruit que tous deux ont fait en arrivant, la marquise s'est retournée.

— Tiens ! Giannina et Piétro ! Qu'est-ce que vous désirez ?

Piétro reste silencieux et baisse la tête : il tourne et retourne dans ses doigts calleux son béret de gros drap aux tons effacés.

Giannina, s'enhardissant, prend la parole :

— Madame la marquise, je vous l'amène, fait-elle en désignant son mari d'un doigt colère, parce qu'il ne m'aime plus. Il faut que vous lui parliez : vous seule vous pouvez lui enlever le mauvais démon de l'esprit.

La marquise sentit le rire lui monter aux lèvres; mais aux regards suppliants de la femme, à l'air tant soit peu embarrassé du mari, elle comprit qu'il s'agissait d'un petit drame de famille et vit là encore l'occasion de faire une bonne action.

— A quoi reconnaissez-vous cette vilaine ingratitude, mon enfant? dit alors la marquise avec attachement.

— A tout, madame la marquise, et à bien d'autres choses. Tenez, autrefois, quand il avait fini sa pêche, il me cherchait les poissons que j'aime le mieux, les petites soles aux reflets de nacre, les petites anguilles toutes glissantes; il me rapportait de belles coquilles, de grandes algues s'enchevêtrant comme des nœuds de rubans, et, quand je me levais, j'avais mes sabots remplis de violettes humides, cueillies par lui dans la rosée. Rien n'était trop beau pour moi; il me trouvait si bonne! Rien non plus n'était assez bon; il me trouvait si belle! Le soir, il me fermait les yeux d'un baiser, et, le matin, c'est d'un baiser encore qu'il aimait les ouvrir...

Et Giannina, tout en énumérant ses griefs, pleurait à chaudes larmes. Piétro ne savait comment se défendre. Il se sentait coupable ; il était surtout gêné par les yeux de la marquise qui l'examinait sévèrement. Ce juge-là lui semblait plus infaillible que ceux du tribunal, et il tremblait en écoutant ces menus faits auxquels sa femme attachait une si grave importance.

— Oui, continuait Giannina, il ne m'aime plus ; il court après d'autres femmes ; voyez, il perd ses cheveux !

Ceci était le dernier argument de Giannina, et l'argument qu'elle jugeait irrésistible. La marquise ne put s'empêcher de sourire, et Piétro, que cette jalousie de la belle Giannina flattait secrètement, fit une moue où se peignait une certaine fatuité. La marquise, cependant, avait repris le front soucieux qui convient à un juge près de prononcer une sentence, et masquant ses yeux spirituels derrière les verres d'un pince-nez :

— Eh bien ! Piétro, dit-elle, vous avez entendu votre femme. Votre silence vous accuse. Vous êtes lassé d'elle. Un rien peut la lasser de vous. Elle vous perd, vous la perdrez à votre tour. Vous venez ici pour qu'on vous réunisse ; au contraire, je vous sépare. Vous, Piétro, retirez-vous ; vous, Giannina, je vous garde. J'ai dit.

Piétro s'en est allé, la tête droite, fièrement. Giannina a pris son parti avec une bravoure pleine de dignité. Mais quand le soir est tombé, autour de la villa, la marquise a entendu par trois fois hululer un hibou, et Giannina est sortie pour aller brûler un cierge à la Madone...

Un mois s'est passé, et chaque soir le hibou a hululé. Chaque soir Giannina est sortie ; mais elle n'avait toujours pas l'air d'être heureuse; l'oubli, disait-elle, était long à venir.

Un matin, la marquise était encore

couchée ; il faisait petit jour. La belle pêcheuse entra dans la chambre, et se jetant à genoux, près du lit, elle s'écria en riant et en pleurant tout à la fois : « Il m'aime ! il m'aime ! »

La marquise crut pouvoir douter et, comme autrefois pour l'affirmation contraire, lui dit : « A quoi reconnaissez-vous cela ? — Oh ! c'est bien simple ! — Au baiser sur les yeux le soir ? — Non. — Le matin, alors ? — Pas davantage. — Il vous a rapporté des soles aux reflets nacrés ? — Si ce n'était que cela ! — Des anguilles, peut-être ? — Non plus. — Les cheveux repousseraient-ils ? » Giannina rougit, car elle savait que, depuis quelque temps, tous les deux oubliaient un peu le repos. « Alors ? interrogea la marquise. — Tenez ! dit Giannina. » Et, soulevant prestement un de ses lourds sabots, elle en fit tomber une pluie de violettes qui s'éparpillèrent sur le tapis de la chambre.

La marquise eut ainsi la preuve qu'on

avait désobéi à la lettre de son jugement ;
mais elle savait, lorsqu'elle l'avait rendu,
qu'il en serait ainsi. Elle n'essaya même
pas de gronder, et comme Giannina allait
se retirer, plus belle dans sa joie naïve :
« Tâchez que ce soit un garçon, dit la marquise, car j'ai déjà trop de filleules. »

Marquise, que de temps passé depuis ce
matin-là ! Vos cheveux se sont argentés,
mais votre cœur est resté jeune. L'autre
jour, au palais, quand vous êtes venue
applaudir votre filleul, — car on vous a
obéi, ce fut un garçon, — vous sembliez
bien émue. Avez-vous eu la vision d'autrefois en entendant ce brillant avocat qui
vous est si cher ? Il s'agissait de deux
époux en instance pour divorcer par caprices
jaloux. Votre filleul, par gratitude sans
doute, a fait appliquer votre jurisprudence,
et ce n'était que raison.

Mais êtes-vous bien sûre, marquise, qu'à
notre époque très positive ils fleurissent
encore, les sabots de violettes ?

LE PASSE-PIED DE M. DE VOITURE

I

Chacun sait que Voiture, le plus galant
des épistolaires du grand siècle, était un
bel esprit très recherché, très adulé, et si
l'on en croit ses vers, très aimé. Il était
l'hôte assidu des ruelles les plus appré-
ciées et jugeait de toutes les élégances en
maître suprême. Une lettre de lui était une
faveur qui donnait de l'orgueil, et toutes
les belles se disputaient ses jolis billets si
gracieusement tournés, où, cœur très sen-
sible, il se peignait désespéré, sans sommeil, voyant passer dans ses nuits de
fièvre les plus troublantes, les plus

agréables, les plus délicieuses visions.
Mme de Rambouillet, Mme de Sablé, Mme de
Montausier, la duchesse d'Aiguillon, Mlles de
Clermont et de Vigean, toutes celles enfin
qui marquaient par leur beauté, leur esprit
ou leur naissance, se l'arrachaient. Florise,
Lucine, Aurore, Julie, Angélique, Chloris,
Bélise, celles dont « les voix auraient perdu
le nocher des enfers », celles qui donnaient
le martyre aux mortels dans un seul regard ; celles dont les paroles allaient se
planter comme des flèches divinement
empoisonnées dans les cœurs éperdus d'a-
mour, et dont le silence faisait des brû-
lures plus cuisantes encore ; ces char-
meuses, ces exquises avaient des pâmoi-
sons d'allégresse quand un billet leur
parvenait « du plus spirituel esprit du
siècle » ; et si, après en avoir accompagné
une jusqu'à sa chaise, Voiture lui baisait
la main à l'instant de l'adieu, la belle en
versait des larmes d'émotion toute une
journée.

Cependant, au milieu de cette griserie à la mode, il se trouvait quelques têtes solides pour résister, quelques cœurs enveloppés d'un triple airain pour se défendre, et Voiture, qui ignorait les difficultés de la victoire, en voulait à ces rebelles. Une entre autres, Mlle Sylvie de M..., restait sourde à ses prières, car ce Dieu très magnanime savait aussi prier. Il avait beau s'écrier :

Les plus beaux yeux du monde ont jeté dans mon
                                                  âme
   Le feu divin qui me rend bien heureux :
      Que je vive ou meure pour eux,
   J'aime à brûler d'une si belle *flâme,*

les beaux yeux ne lançaient aucun regard du côté du poète, et les longues paupières, frangées de cils noirs, retenaient leurs promesses pour d'autres. Sylvie écoutait « les plaintes éternelles » et s'en souciait comme des canons de dentelle et des rubans cramoisis de son adorateur

Au bout de quelque temps d'une vaine attente, Voiture résolut de se venger de la rebelle, et il rima un rondeau dans lequel, sous l'apparence d'une dernière supplication, il avait mis pourtant un peu de verve mordante qui dépeignait tout son dépit. Il se promettait même d'en donner lecture à Sylvie dans une fête à laquelle tous deux étaient conviés chez la duchesse d'Aiguillon.

II

Fête superbe. Tout le Paris du petit lever se presse dans les salons de la duchesse, qu'éclairent des chandelles de quatre livres. Monsieur, lui-même, vient de faire une courte apparition. On a beaucoup remarqué l'insistance qu'il mettait à saluer et resaluer la belle Sylvie de M... Elle est admirable, en effet, de grâce et de fierté, dans sa robe de satin, azur pâle, toute garnie de volants d'Angleterre. Son corsage s'ouvre de la manière la plus séduisante, et sur son col blanc comme l'ivoire se joue l'étincellement d'un lourd collier de pierres précieuses, tandis que la main gauche taquine un éventail en plumes de cygne, et que la droite porte fréquemment au visage un petit mouchoir bordé de point d'Alençon et imbibé de sels parfumés.

Voiture a déjà la main sur le papier plié où se cache le méchant rondeau ; mais comment oser le lire ; Sylvie justement semble pour ce soir renoncer à ses rigueurs, et c'est avec le poète qu'elle va danser la pavane, le menuet et le passe-pied.

Les deux premières figures marchent bien ; aux rythmes aigrelets des violons, précieux et précieuses ont marché leurs saluts. Voiture se fait remarquer par son air de gravité compassée ; son attitude est pleine de respect et d'élégance ; les pieds lancent leurs pointes très en dehors ; les bras s'arrondissent mollement ; la tête se renverse, comme perdue en un rêve ; les yeux demeurent demi-clos, sous l'effort de voluptés très vagues.

Mais déjà l'on a attaqué le passe-pied, même mesure que le menuet, mais allure plus vive. La mélodie s'accélère ; les danseurs s'entraînent avec plus d'abandon. Voiture qui veut presser, presser toujours, s'étourdit, met le pied dans la robe de Sylvie, glisse sur le parquet et tombe, non sans arracher un volant de la robe de sa belle, auquel un instinct malheureux lui dit de se retenir.

On s'empresse autour de lui, on le relève, et Sylvie ramasse, sans être vue, un billet, sans doute sorti de la poche de l'infortuné danseur : elle est même sur le point de le lui rendre. Mais la curiosité la prend : un billet de Voiture, cela ne se rend pas. Elle s'écarte pour le lire à son aise... Surprise ! à la première ligne l'auteur a écrit ces mots : *A la plus cruelle des Sylvie...* Sylvie, c'est elle... Décidément elle peut lire sans remords.

Voici ce que disait ce rondel :

On me l'a dit, mademoiselle,
Que tous nos cœurs vous retenez :
Pensez-vous, pour votre beau nez,
Mettre sur nous une gabelle ?
Vous êtes fort bonne et fort belle,
Et croy que vous êtes pucelle :
        On me l'a dit.

Mais il faut être moins rebelle,
Et ne pas faire de querelle
Aux amants que vous surprenez ;
Vous en tenez d'emprisonnez,
Et vous leur êtes trop cruelle :
        On me l'a dit.

C'en est trop. Traiter ainsi une fille de sa qualité ! A son tour de se venger. Et Sylvie se retire dans la chambre des filles de service, sous prétexte de réparer « le malaise de sa robe », causé par les erreurs chorégraphiques du poète. Elle en revint bientôt, et tendant un billet plié à Voiture :

— N'avez-vous pas perdu ceci ? lui dit-elle avec une cérémonieuse révérence.

Voiture, encore tout troublé, saisit le papier :

— Merci, belle Sylvie ; c'était un rondeau... pour vous !

— Lisez, lisez ! lui crie-t-on de toutes parts.

Comment résister à de si flatteuses prières ? Voiture rajuste d'une chiquenaude son jabot chiffonné, place son chapeau sous son bras, d'un geste parfait de gentilhomme, et attend, pour déplier le billet, que tout le monde se soit assis et se taise. Alors, au milieu du plus profond silence, il ouvre. Mais qu'a-t-il ? il rougit, il pâlit, il hésite. On le presse de lire. Que faire ? Allons ! Pas de retraite possible. Et d'une voix lente et basse, Voiture lit ce qui suit, au milieu de l'attention générale :

Quand vous dansez, monsieur Voiture,
La pavane ou le passe-pied,
Que n'écrivez-vous donc du pied,
Aussi bien qu'en littérature ?
Devriez-vous pas copier

Ce qu'on lit sur votre papier,
          Quand vous dansez?

Mais les Grâces et la Nature
Chez vous font piteuse figure ;
Et le parquet sait épier
Le bon instant pour estropier
Votre si galante stature,
          Quand vous dansez.

Toute la compagnie fut remise en belle
humeur par cette riposte très à propos ;
mais Voiture, depuis ce jour, n'eut plus
envie de danser le passe-pied, ni de rimer
des rondels à Sylvie.

UN CICÉRONE

Vous l'avez bien connu. C'était un petit
vieillard maigre, la figure sombre, d'une
propreté rigoureuse, malgré le long usage
de ses vêtements démodés. Sous son chapeau de soie, terni par l'averse de bien des
nuages, on voyait apparaître une légère
couronne de cheveux rares et grison-
nants. Cependant on n'aurait pas pu mettre
un âge approximatif sur cette face d'un
aspect étrange. On comprenait qu'il y avait
là une vieillesse prématurée ; on devinait
dans ces traits ravagés, dans ces rides profondes et durcies, tout un chagrin ineffa-

çable, un de ces chagrins qui, après avoir affaibli le cerveau, s'attaquent aux moelles et ratatinent les chairs dans une sorte de consomption intérieure trop rapide.

Il se tenait à l'entrée du Louvre, le cicérone, et lorsque des visiteurs franchissaient le haut portique de la rue de Rivoli, il s'offrait pour les guider dans les galeries du musée.

Le voilà en marche; il précède trois Anglais, le père, raide et flegmatique, et ses deux filles, deux jeunes misses blondes comme les blés, et charmantes de grâce féminine dans leurs corsages de drap aux parements galonnés d'or.

Déjà le musée des Antiques a défilé devant les yeux des enfants d'Albion, sans provoquer chez eux aucune impression particulière. Les jeunes filles ont bien rougi un peu devant certains torses nus, merveilleux morceaux d'étude, d'une plasticité parfaite, mais la plupart du temps elles se bornent à répéter le nom d'un héros d'autrefois, lu à haute voix par le père sur le socle de quelque buste. Et dans ces salles largement dallées de marbre, où les statues exhalent en quelque sorte la froide humidité des tombeaux, on entend comme un son caverneux, que l'écho prendrait le soin d'adoucir avant de le raconter par deux fois aux voûtes claires et sonores.

Puis on a gagné le grand escalier, toujours inachevé, au haut duquel, sur sa proue de granit, la *Victoire de Samothrace* déploie son admirable envergure d'ailes. L'Anglais, à cette vue, ne sut pas réprimer un geste de dépit, qu'on pouvait traduire par ceci : « Il n'y en a pas comme cela à Londres. » Les jeunes misses, au contraire, plus libres dans leur appréciation, ne craignirent pas d'admirer sans réserve cette superbe épave de la statuaire antique. Puis voici le salon des fresques de Bernardino Luini et le Salon carré, qu'on avait peut-être raison jadis d'appeler le Salon d'honneur.

Là, le cicérone tourne à droite; il arrête ses promeneurs devant une toile de petite dimension. Regardez-le, ce n'est plus le même homme, sa respiration est hâtive; ses yeux, jusque-là indifférents et comme rassasiés de ce qui est beau, s'allument étrangement, et sa main fiévreuse se tend vers le tableau. Écoute-le, il parle :

« Cette œuvre est de Tiziano Vecellio : elle vous représente Alphonse de Ferrare, inclinant deux miroirs dans lesquels la divine Laura di' Dianti se regarde. Voyez comme le maître a traité son sujet. La jeune femme est vue à mi-corps, de face. Sa main gauche s'appuie sur un flacon, la droite soutient les tresses onduleuses de sa fauve chevelure, découvrant un bras merveilleux de souplesse et de modelé. Les épaules, à l'éclat marmoréen et rose, émergent des plis de la chemisette, tandis que la gorge, pudiquement voilée, gonfle le corsage qui s'entr'ouvre. La tête, légèrement penchée, semble sourire. Ah! misses,

retenez le sourire de cette lèvre innocente,
retenez l'expression de ces grands yeux
profonds, et vous comprendrez toute la joie
de cet Alphonse de Ferrare. N'est-ce pas
qu'elle est belle, cette Laura di' Dianti?
N'est-ce pas qu'on doit l'aimer éperdument?
N'est-ce pas que son âme doit être trop
blanche pour commettre une traîtrise? »

Et le vieux cicérone, brisé d'émotion, se
retire subitement, les yeux tout pleins de
larmes. L'Anglais, qui craint les *pick-
pocket*, bien qu'il doive connaître cet in-
secte d'importation britannique, porte vite
la main à sa poche; mais rien ne lui
manque. Les jeunes misses sont plus surprises que choquées de ce qui leur semble
un débordement d'enthousiasme. Pour
ceux qui aiment la psychologie, il se passait
dans cet homme bizarre un curieux mystère. Il avait sans doute découvert dans
cette page du Titien une ressemblance
à la fois douce et pénible pour son souvenir. Il y avait dans sa démonstration

tant d'éclat, tant de sincérité, qu'on entrevoyait un foyer de passion mal éteint; on entrevoyait un drame horrible, comme le lâche abandon d'une femme jalousement aimée, tout l'effondrement d'un cœur qu'un éternel chagrin dévore et qui pourtant cherche encore une excuse à son mal.

J'ai connu depuis le secret de l'énigme : c'est une histoire banale et triste. Il était peintre et recevait dans son atelier un modèle. Ce modèle, il l'avait aimé à en mourir; il en fit sa femme. Puis, un jour, plus rien : l'oiseau s'est envolé; le nid est désert. Elle a fui, cette beauté de marbre. Où? Pourquoi? Autant de questions sans réponse. Alors, dans l'abattement qui l'écrase, le peintre oublie ses pinceaux, il quitte Venise; il veut suivre une trace : il arrive à Paris. Son âme d'artiste le conduit au Louvre, et il aperçoit la Laura di' Dianti du Titien. C'est là qu'une vie nouvelle commence pour lui.

Cette femme qu'il poursuit, sans espoir

de la retrouver, il l'abandonne à son tour ;
il méprise cette chair vivante qui n'a pas
su se dompter : il se contente de l'ombre
muette, de l'image éternellement souriante
que le hasard a glissée sous ses yeux, et
chaque jour il vient la saluer. Dans les
premiers temps il enfermait son secret au
fond de lui-même, se rendant silencieux à
son pèlerinage d'amour. Mais par un retour
bien humain, il a eu soif qu'on connût son
martyre, qu'on le soupçonnât au moins. Et
c'est pourquoi, pendant de longues années
cicérone impénétrable et incompris, ce
pauvre homme guida les générations d'Anglais au musée du Louvre, vouant la source
intarissable de ses larmes à cette Laura di'
Dianti, toujours fidèle, et n'ayant pour
amis (mais amis qui ne trompent pas) que
ces dieux du paganisme endormis dans leur
forme de pierre, et ces vierges, que Murillo
fait rayonner roses et pures, sur les flocon-
nements neigeux des brouillards célestes.

MONSIEUR LOFF

Il y a des philosophes qui se sont écriés dans une heure de doute, et après d'énormes travaux : « Que sais-je ? » D'autres, au bout de leurs silencieux recueillements, ont murmuré avec inquiétude : « Que suis-je ? »

Et ces mots ont suffi pour qu'ou dise de ceux qui les prononcèrent : « C'étaient de grands esprits ! »

Si donc un mot suffit pour faire la fortune d'un homme, il n'est que justice que M. Loff soit arrivé aux honneurs, pour avoir répété partout et toujours cette simple phrase : « Si c'était vrai, on le saurait ! »

Qu'était-ce donc que M. Loff?

M. Loff était un brave homme, qui tout enfant martelait du cuivre chez un chaudronnier, et parvint avec l'âge et le travail à fabriquer des trompettes, de belles trompettes bien polies, bien luisantes et bien sonores. Ne demandez pas si M. Loff a modifié la structure des instruments, s'il a inventé des formes et des puissances nouvelles. Rien de tout cela. Il a fait des trompettes, rien que des trompettes, parce qu'on en faisait dans un atelier qui le reçut, et que sa bonne conduite, et son zèle, et ses petites économies lui permirent de devenir le gendre du patron, en attendant qu'il devînt son successeur.

*
* *

Le mariage s'était fait gentiment, sans effort, sans éclat, sans bruit, comme il convient à un ouvrier en trompettes. M. Loff n'avait jamais ouvert un livre; il n'avait jamais lu, même pas une portée de musique, ce qui lui aurait permis de charmer ses loisirs avec des souvenirs d'opéra souf- flés dans un instrument sorti de ses mains.

Il n'en avait pas moins cette conviction que les choses s'apprennent toutes seules et que leur connaisance vient à l'homme, — animal doué de raison, — sans que l'homme ait besoin d'aller à leur connais- sance. On conviendra qu'à côté de toutes ces histoires de gens qui cherchent et s'é- puisent dans les besognes de tête, la philo- sophie de M. Loff avait bien son charme.

Donc, un jour, son patron vient le trou- ver et lui dit :

— Monsieur Loff, vous êtes un bon ou- vrier : vous faites très bien les trompettes ; il faut vous marier.

— Si c'était vrai, répondit M. Loff en con- tinuant d'ajuster une embouchure, si c'é- tait vrai, on le saurait.

— On le sait, reprit le patron, frappé par cette pensée profonde, et dans un mois vous épouserez ma fille.

— Parfait, patron !

Et le mariage se fit.

*
* *

Quelques années après, M. Loff, ayant succédé à son beau-père, s'occupait de préparer les trompettes qu'il devait envoyer à une exposition universelle. M. Loff était devenu en effet un des plus brillants industriels de sa partie. Comme il n'avait rien inventé, et suivait exactement le chemin tracé par ses devanciers, on le considérait comme un fabricant classique, comme un esprit rigide, attaché aux saines traditions.

— Savez-vous, lui dit-on un jour, que vous êtes un maître, monsieur Loff ?

— Si c'était vrai, on le saurait, reprit-il finement.

On le sut si bien qu'il fut nommé président du jury et décoré.

Mais on a beau aimer à faire des trompettes, il vient un temps où l'on se sent du goût pour le repos, un temps où l'on a soif de campagne. Ce temps, M. Loff le connut, et il s'en fut acheter une petite maison aux environs de Lisieux, dans cette Normandie agreste, — à quelques lieues de Paris, disent les réclames de chemins de fer.

Comme il était un soir dans son jardin, en train de vider, avec quelques voisins, un pichet de cidre, M. Loff vit venir à lui son fils, un collégien de seize ans, le visage animé, l'œil brillant, la lèvre prête à parler.

— Eh bien ! qu'est-ce qu'il y a ?

— Père, je viens de trouver près de la citerne cette médaille romaine : tiens, regarde ! Il devait y avoir ici un camp de César.

— En voilà des idées ! C'est au lycée qu'on t'a appris cela ? Que tu es bête ! Si c'était vrai, on le saurait !

M. Loff était devenu sceptique ; les voisins n'osèrent pas protester ; eux, si fiers de la réputation gallo-romaine de leur contrée, se sentaient ébranlés par la logique du fabricant de trompettes. Mais, le surlendemain, M. Loff recevait un magnifique brevet en parchemin ; il était nommé, à l'unanimité, membre de la *Société des archéologues de la Neustrie*.

*
* *

M. Loff, président du jury, décoré, membre de la Société des archéologues de la Neustrie, était un gros personnage ; on venait le consulter sur tout et à propos de tout. Ses conseils étaient inoffensifs, et ses opinions d'une sage modération. Comme son langage était peu varié, on prétendait que c'était un renfermé, un penseur d'intimité, un méditatif. A l'instant où tous les journaux étaient remplis des découvertes d'un astronome fameux qui affirmait que Mars faisait des signaux à la Terre :

— Des folies ! s'était écrié M. Loff au café ; si c'était vrai, on le saurait ! Et puis, avant de faire des signaux, les gens de là-haut nous auraient prévenus !

Comme M. Loff avait parlé sérieusement, on n'avait plus insisté sur le soi-disant savant qui se mêlait d'interroger les astres ; et pour venger le public, à qui l'on racontait des calembredaines, M. Loff accepta le titre de correspondant de l'Observatoire de Pontivy qui lui était offert à la suite de sa virulente et mémorable apostrophe.

*
* *

A l'époque des élections législatives, M. Loff comprit qu'il devait faire son devoir de citoyen : il alla aux réunions publiques, décidé à écouter les candidats dans un silence respectueux.

Et voilà que sur l'estrade, devant un bureau constitué régulièrement, des candidats s'injuriaient à qui mieux mieux ; ils se jetaient à la face mille choses désagréables, se reprochant des crimes ignorés de tous,

avec des gestes de menace et des roule-
ments d'yeux à faire avorter... les consti-
tutions les plus robustes.

C'était un spectacle dégradant pour le
suffrage universel, et M. Loff, plein de bon
sens, ne put rester tranquillemént à sa
place. Une interjection violemment poussée
par lui attira l'attention de son côté ; on
l'obligea de monter à la tribune.

« Citoyens, fit-il avec bonhomie, c'est
inutile de se livrer à un pareil tapage :
vous avez entendu les orateurs, les candidats. Ils vous ont parlé de révélations. Eh
bien ! qu'est-ce que c'est que ça, des révélations ? Vous êtes des citoyens libres ! Si
c'était vrai, tout ça, on le saurait ! »

M. Loff fut acclamé ; son optimisme avait
produit sur la masse en furie un tel effet
qu'au jour du scrutin son nom seul sortit
de l'urne.

M. Loff, président du jury, décoré, no-
table commerçant, membre de la Société
des archéologues de la Neustrie, corres-

pondant de l'Observatoire de Pontivy, était nommé député.

*
* *

Député, quand on a déjà tant de titres à recevoir l'hommage de ses concitoyens, voilà de quoi vous troubler la cervelle d'un homme !

Car tous ces honneurs, il n'y a pas à barguigner, tous ces honneurs étaient venus à M. Loff sans que M. Loff eût fait un seul pas pour les obtenir. C'était donc son seul mérite qui l'avait élevé à la haute situation où il se trouvait, et M. Loff commençait à se contempler avec une certaine complaisance. Son mérite, ne l'avait-il pas sans effort, puisqu'il ne l'avait jamais cultivé ? Certes, il savait faire de bonnes, d'excellentes trompettes ! Mais encore, tous ses concurrents n'étaient pas comme lui, décorés, membres de la Société des archéologues de la Neustrie, correspondants de l'Observatoire de Pontivy, présidents du jury et députés.

Alors M. Loff, sous le poids de tous ces lauriers, sentit l'ambition le mordre au cœur ; il y avait un titre qu'il ne portait pas encore : académicien !

Être académicien ! ce fut désormais son rêve : « Aide-toi, le ciel t'aidera, » dit un proverbe ! M. Loff résolut de s'aider, pour une fois.

Il s'en fut tout droit au quai de Conti, fit passer sa carte au plus aimable des secrétaires d'Académie, et quand il eut été introduit, demanda s'il n'y aurait pas une petite place pour lui, dans l'une des sections.

— Aucune, monsieur le député.

— Cela m'étonne, fit M. Loff avec une moue ennuyée.

— On meurt peu à l'Institut dans ce moment.

— Cependant je croyais... On m'avait dit que X...

— Si cela était vrai, on le saurait, répliqua le secrétaire, simplement.

M. Loff avait pâli ; il avait entendu sa phrase, et celui qui l'avait prononcée n'était pas lui ; celui qui l'avait prononcée n'était que le secrétaire de l'Institut.

M. Loff comprit que sa bonne étoile l'abandonnait, ou du moins se partageait, et avec qui, grand Dieu ! avec un homme qui ne faisait pas de trompettes, et n'était ni président du jury, ni membre de la Société des archéologues de la Neustrie, ni correspondant de l'Observatoire de Pontivy, ni député !

M. Loff s'en revint chez lui, tout confus.

« Pour une fois que je me présente à l'Institut... » pensa-t-il sentencieusement.

Et, depuis, il ne prononça plus la fameuse phrase, car il avait acquis la certitude qu'il y avait au moins une chose vraie qu'il ne voulait pas qu'on sût.

A LA MI-CARÊME

Il y a quelques années, dans un quartier
populeux de Paris, le lavoir Saint-Ildephonse (eau de Seine et de pluie, étuve,
installation de premier ordre), et le lavoir
Continental (buanderie complète, séchoirs
perfectionnés, lessiveuses automatiques,
dernier mot du confortable et du progrès),
étaient en guerre ouverte : ce n'était pas
seulement une concurrence acharnée : les
deux établissements faisaient d'ailleurs
d'excellentes affaires ; c'était une jalousie
traditionnelle qui animait les deux clien-
tèles, et amenait souvent, au sortir des
laveuses, des échanges qui ne brillaient

pas par les aménités, mais cela était de peu d'importance.

Les Saint-Ildephonse et les *Continen-teuses*, comme on disait dans le quartier, attendaient avec impatience la venue de la Mi-Carême pour s'écraser mutuellement sous le regard impartial de l'opinion publique. Et dès longtemps, avant ce bienheureux jour, les commères y allaient de leurs petites indiscrétions sur ce qui se préparait de part et d'autre, mettant dans chaque attraction révélée une sorte de fièvre provocatrice.

— Nous, disait une Continentale, nous avons quinze voitures de noce.

— Bah ! répliquait une Saint-Ildephonse : des voitures de noce ! autant des voitures d'enterrement. Nous avons des chars-à-bancs, des tapissières : c'est plus gai ; au moins on peut causer et rire, et chanter ; on voit le monde et le monde vous voit.

— Nous avons aussi une musique : les *Enfants de l'Avenir*, avec leur bannière.

— Et nous, la *Lyre d'Apollon*, avec sa grosse caisse en tête.

— Et des costumes, ô ma chère ! la reine sera couverte de pierreries !

— Pour des costumes, je pense que nous en aurons aussi.

— Et enfin, pour nous faire escorte, les *Beni-Bouffe-Toujours*.

Cela, c'était le coup droit porté aux Saint-Ildephonse. Pour n'avoir pas encore suivi le cortège triomphal de Victor Hugo, les *Beni-Bouffe-Toujours* étaient déjà célèbres, dans le quartier, et compter sur leur concours, pour une solennité comme celle que préparait le lavoir Continental, c'était un appoint des plus sérieux, et qu'une autre trouvaille, si heureuse fût-elle, était incapable de combattre.

Mme Babolet, à qui l'on avait rapporté cette menaçante nouvelle, avait senti un frisson de colère lui parcourir les moelles.

C'est que Mme Babolet, chargée d'organiser la fête des Saint-Ildephonse, voyait peser sur elle de lourdes responsabilités. Si son lavoir avait le dessous, au jour fatal, c'en était fait d'elle. Sa clientèle se porterait en masse au Continental, et les quelques fidèles qui demeureraient au Saint-Ildephonse l'abreuveraient de reproches, et peut-être d'injures.

Que faire? la situation devenait difficile. En songeant qu'elle devait représenter la reine des Saint-Ildephonse, Mme Babolet interrogeait son miroir, et son miroir, confident discret mais sincère, lui racontait que certainement, malgré son costume de gala, elle ne pouvait prétendre à un prix de beauté, fût-ce le dernier.

Et comprenant qu'un échec était imminent, si on laissait aux choses leur cours habituel, Mme Babolet eut une idée — ce qui n'arrive pas à tout le monde — et résolut d'emporter quand même un triomphe, en faisant appel à des sentiments étrangers à la lessive et au battoir.

La mi-carême était arrivée, sonnée par

la joie des trompes et saluée par un gai soleil printanier. Dans la rue, les quatorze voitures de noce stationnaient à la porte du lavoir Continental, les quatre chars-à-bancs et tapissières stationnaient à la porte du lavoir Saint-Ildephonse.

Midi venait de tinter : tout le quartier était descendu pour voir les deux cortèges ; pour assister à la lutte homérique qui pourrait bien éclater. C'était à qui, d'ailleurs, des Saint-Ildephonse et des Continenteux, c'était à qui ne sortirait pas le premier. On se redoutait certainement de part et d'autre. D'un côté à l'autre de la rue, on commençait déjà à s'apostropher et à se provoquer. Dans la foule, on entendait s'é-lever des : « Sortira, sortira pas ! » dont chaque parti s'irritait tout bas.

Enfin, il se fit un grand mouvement du côté des Continenteux : les *Enfants de l'Avenir* lancèrent de leurs cuivres discordants les mesures précipitées d'une marche, et la reine parut. C'était Mme veuve Patembois, elle-même, directrice du Continental, dans un costume de Catherine de Médicis, rutilante d'or et de pierreries, très digne et très grotesque, avec son air modeste convenant mal à ses quarante-huit printemps. Elle appuyait sa main étranglée dans un gant blanc sur celle de Magloire, l'intrépide chauffeur de l'établissement, vêtu en *Incroyable*, et de fait incroyable de gaucherie et de ridicule. Derrière eux, le cortège s'étendait sur le trottoir, prêt à prendre d'assaut les voitures rangées en file. Le public était resté froid ; quelques cris, et c'est tout.

Alors la *Lyre d'Apollon* attaqua à son tour le plus brillant morceau de son répertoire (cliché consacré) et l'on vit sortir du lavoir Saint-Ildephonse deux adorables écuyers Louis XV, *lui* et *elle*, douze ans et dix ans, deux miniatures, entre les mains de qui Mme Babolet, se trouvant trop mûre pour prendre un rôle autre que celui de douairière, avait abdiqué sa royauté d'un jour.

Et voilà qu'aussitôt toutes les commères, à la vue des deux enfants, se prirent à être émues. Dans le public, il y eut de maternels attendrissements, et la force de sentimentalité sur laquelle avait compté Mme Babolet triompha avec une incomparable puissance.

Bien plus, Mme veuve Patembois ne put retenir une larme : elle s'élança à travers la chaussée et vint embrasser le joli couple, tout d'innocence, de fraîcheur, de jeunesse, qui semblait représenter la vitalité des Saint-Ildephonse. Magloire, l'intrépide chauffeur, se jeta dans les bras de Mme Babolet, et les *Enfants de l'Avenir* et la *Lyre d'Apollon* confondirent leurs harmonies pour saluer ce pacte d'union, signé dans un tel épanchement de joie populaire.

Dès lors, il n'y eut plus qu'un seul cortège : les Saint-Ildephonse et les Continenteuses suivirent en commun les voitures de noce et les tapissières ; les Béni-Bouffe-Toujours firent mille grâces à la veuve

Patembois et à Mme Babolet. Jamais, de mémoire de batteuse, il n'y eut tant de gaieté et de folie dépensées en une seule mi-carême. Et depuis cette époque, les dames des deux lavoirs ne se disent plus jamais d'injures à la sortie, ce qui fait que les gavroches commencent à trouver le quartier monotone.

MISS ÉDITH BROWN

Quand j'étais enfant, mon père avait
l'habitude de me conduire au musée du
Louvre, chaque semaine. Très amoureux
des choses d'art, mais très éclectique dans
son admiration pour que tout ce qui était
beau, à quelque école ou à quelque époque
que cela appartînt, il choisissait une salle
dont l'examen devait occuper toute notre
promenade.

Un jour, c'était la longue galerie des
Rubens; un autre jour, c'était la salle des
Lesueur; puis la galerie italienne, puis le
salon carré, puis les Greuze, puis les Géri-

cault ; parfois aussi les dessins ; mais plus rarement, parce que j'étais très petit de taille, et ne pouvais arriver à la hauteur des cadres qu'en me haussant sur la pointe des pieds.

Chaque tableau était d'ailleurs raconté et analysé. Mon père avait de belles légendes pour me familiariser avec tout ce monde de peintres, avec toute cette figuration de personnages, tantôt mythologiques, tantôt historiques. Il saisissait, en homme qui connaît bien l'enfant, l'instant où je paraissais le plus intéressé pour formuler une appréciation rapide qui devait forcément frapper mon attention et se fixer dans mon souvenir.

Parfois il m'arrivait, après une de ces visites, de demander à voir les bateaux du musée de Marine, ces escadres minuscules auxquelles l'amiral Pâris donnait toute son érudition et toute sa sollicitude, et nous montions à l'étage supérieur, mon père avec l'idée que cette concession était nécessaire à mon éducation, et moi, avec la conviction que j'avais bien mérité cette innocente distraction.

Parfois encore, pour un motif quelconque, je boudais tacitement, et à travers les salles cirées comme des glaces, je me laissais tirer sans vouloir mettre un pied l'un devant l'autre, dans un entêtement inexpliqué. Mon père avait beaucoup de patience; il faisait semblant de ne s'apercevoir pas de mon caprice, ou bien il le prenait à la plaisanterie, ce qui d'ailleurs me froissait profondément.

*
* *

Un jour donc, j'étais dans cette disposition bizarre; je patinais à travers les salles, tenu en main par mon père, mécontent, lui aussi, d'une promenade qui devait être pour moi d'un si mince profit.

Et déjà, en passant près des gens, les donneurs de conseils ne se faisaient pas faute de critiquer le père et l'enfant.

—.Si c'était mon fils, disait l'un, avec un geste significatif : le fouet! Et il marcherait..

— Une petite claque sur ces joues roses, disait un autre, cela lui calera les idées.

— S'il est Dieu possible, vraiment, reprenait une troisième personne, de conduire un enfant au Louvre, quand les Tuileries et les pâtés de sable sont si près!.

— Une fois passe encore, ajoutait-on, mais toutes les semaines on les voit tous deux venir.

— Un original, ce père.

— Un vieil artiste sans doute.

— Un philosophe peut-être.

— Et qui n'a pas tort : qu'y a-t-il de plus amusant que de regarder des tableaux? faisait avec enthousiasme un vieux peintre copiste.

Et les propos allaient ainsi leur train, et je continuais à me laisser traîner, et mon père restait calme d'apparence; mais je suis sûr qu'en son for intérieur il eût souhaité que la solitude autour de nous lui permît de m'administrer, au bas des reins et d'une main généreuse, la correction que je n'avais pas volée.

*
* *

Nous venions d'entrer dans un des salons carrés, lorsqu'une jeune fille, qui achevait de descendre de son échelle, et près de qui nous passions, remarqua ma bouderie et nous arrêta.

Elle était fort jolie, cette jeune fille ; très blonde, très mince, avec des yeux tout enveloppés de mélancolie ; le visage un peu pâle ; les dents trop brillantes derrière des lèvres trop roses. Elle parlait plus anglais que français, et à ce qu'elle murmurait à mon oreille, je compris qu'elle me grondait ; mais sa gronderie était si douce que cela me semblait une caresse ; je lui jetai les bras autour du cou, et je crois bien que je l'embrassai, — comme les enfants savent seuls embrasser.

Mon père n'était pas fâché de cette détente et il considérait avec curiosité cette jeune fille, cachant sous le tablier de lustrine à bavette, qu'elle mettait pour peindre, une toilette noire très simple, trop simple même, et signifiant, pour le regard d'un psychologue, l'abandon de toute coquetterie féminine, au bénéfice d'une seule idée, au culte fidèle, peut-être, d'un seul souvenir !

*
* *

Comme si j'avais éprouvé le besoin de m'éloigner un peu de tous ces gens qui circulaient, et dont quelques-uns s'étaient moqués de moi, j'étais monté sur l'échelle, et la jeune peintresse m'avait suivi, guidant mes pas, soutenant mon effort pour passer d'une marche à l'autre, et me garantissant d'aucune chute. Quand je fus en haut, je devins joyeux : ma gardienne d'un instant me montra alors le tableau qu'elle était en train de copier.'

C'était l'une des œuvres capitales de Prud'hon, *La Justice et la Vengeance divine poursuivant le crime*. Et la douce voix, pour être comprise d'un enfant, expliquait qu'un grand garçon n'avait pas été sage, qu'il avait désobéi, et que Dieu, qui est notre père à tous, avait envoyé deux de ses anges pour le gronder. Puis indiquant du doigt le corps idéalement beau de la victime, ma blonde gardienne, avec une émotion qui me frappa, et une intonation mouillée de larmes, qui chante encore à mon oreille, ajouta : « Celui-là était le frère du méchant garçon : il dort pour ne plus se réveiller, et il est heureux, car il sait l'éternel oubli. »

Et me faisant descendre avec toutes les précautions d'une mère attentive, elle me rendit à mon père; et tandis que je m'en allais, sans plus me laisser traîner, je me tournai souvent pour lui envoyer des baisers, auxquels elle répondait de sa jolie main blanche.

*
* *

Bien des années après, comme ce souvenir m'était revenu, j'allai chercher au Louvre la toile célèbre de Prud'hon. Devant elle, une femme, blanchie avant l'âge, avait installé son chevalet et son échelle et en terminait la copie.

Ce n'était plus la blonde miss d'autrefois, mais c'était bien la même pourtant. La taille était restée mince, la tournure était toujours élégante, mais le regard, avec plus de douceur, semblait éclairé de plus de résignation, et la lèvre, aujourd'hui pâlie, avait plus de tristesse. J'appris alors d'un vieux gardien, que j'interrogeai, qui était celle que l'œuvre de Prud'hon retenait à travers tant d'années.

Elle s'appelait Edith Brown, et depuis qu'elle était entrée au musée du Louvre, on l'avait toujours vue devant la célèbre

toile de Prud'hon : les copies avaient succédé aux copies, mais ce n'était pas le
succès et le profit qu'elle en tirait qui avait
décidé miss Edith Brown à s'y spécialiser.
Il y avait eu un drame dans sa vie. Institu-
trice à Londres, elle avait inspiré une irrésistible passion aux deux frères d'une de
ses élèves, et comme l'un, le plus jeune,
semblait avoir touché son cœur, l'autre,
l'aîné, dans un accès de criminelle jalousie,
avait frappé le rival préféré.

Pourtant la justice avait ignoré l'action
abominable et la mort du jeune homme
avait été acceptée comme la conséquence
d'un déplorable accident. Edith, elle, ne
s'y pas était pas trompée, et sous le coup
de l'horrible douleur que cette mort avait
imprimée à son cœur vierge, elle n'avait
pas hésité : s'éloigner de ce lieu maudit,
voilà quel était son devoir.

Elle fit de rapides adieux à son élève et
à sa famille, et partit. Comme le train qui
devait l'entraîner allait se mettre en

marche, le frère qui se sentait plus épris
que jamais, debout sur le marchepied, la
suppliait de renoncer à cette sorte d'exil
volontaire. Edith restait impassible, mais
à l'instant où la vapeur sifflait, elle avait
jeté à l'oreille de son adorateur un seul
mot, mais un mot terrible : « Assassin! »

*
* *

Arrivée à Paris, elle aurait pu donner
des leçons de dessin et de peinture; mais
elle avait un continuel besoin de solitude.
Sa pensée appartenait tout entière à celui
qui n'était plus; et bien qu'il n'y eût eu
entre eux aucun aveu échangé, aucune
promesse signée dans un premier et chaste
baiser, elle s'était juré de garder à sa mémoire la fidélité la plus austère.

Elle s'était dit, alors, que l'art seul pouvait lui permettre l'isolement qu'elle rêvait,
que l'art seul serait le confident du secret

dont saignait son cœur, et c'est ainsi qu'elle s'était mise à faire des copies.

Le tableau de Prud'hon devait naturellement l'attirer. Dans l'image de la victime, c'était comme son espérance brisée qu'elle voyait, humanisée, superbe, de sa belle sérénité de jeunesse, qui ne peut pas vieillir. Et dans les deux déesses vengeresses qui poursuivent le criminel, avec l'élan jamais lassé des furies, elle entrevoyait l'heure, peut-être lointaine, mais inévitable, où le cher aimé serait vengé.

Pour bien montrer même que l'exil qu'elle s'était imposé ne signifiait pas l'oubli, miss Edith Brown avait eu une idée cruelle. Lorsque sa première copie avait été terminée, elle l'avait adressée à son ancienne élève, à Londres, comme souvenir, sachant bien auprès de qui l'allusion porterait. A Londres, parmi ceux qui avaient connu miss Édith, cette copie eut un succès retentissant, et des commandes affluèrent auprès de l'intéressante copiste.

Était-ce donc là ce qu'avait souhaité la pauvre blessée d'amour? Quoi! elle avait concentré toute sa pensée, tout son ressentiment sur l'exécution de cette toile, et ceux qui l'admiraient n'y voyaient qu'une tentation de commande, que l'occasion d'un marché? Elle avait expédié une idée, presque un symbole, et la poste lui rapportait des mandats et des chèques?

Pourtant, un matin, une lettre lui parvint : quelques lignes seulement, mais quelques lignes qui avaient arraché à Edith Brown des larmes brûlantes.

C'était le rival criminel qui lui écrivait : il avait compris et il ferait son devoir. Aussi bien la vie lui devenait insupportable, avec tout le fardeau d'un éternel remords, et l'espoir à tout jamais perdu de reconquérir un cœur qu'il avait si cruellement frappé. D'ailleurs, aller au-devant des déesses vengeresses, se courber sous la volonté du Dieu qui châtie, c'était presque mourir de la main adorée, puisque c'était la main adorée qui lui avait révélé cette volonté divine. Bref, à l'heure où cette lettre devait être lue, le coupable serait allé demander son pardon dans l'au-delà radieux où devait s'être s'être envolée la victime.

Et le fratricide, en effet, s'était fait justice lui-même.

*
* *

Alors un doute terrible avait envahi le cœur de miss Edith. Ne devenait-elle pas elle-même responsable de ce nouveau deuil dans la famille de ses bienfaiteurs? N'était-elle pas, à son tour, criminelle, en ayant ainsi vengé la douleur qui la torturait? Quelle fatalité s'attachait donc à son destin, pour que sa seule présence eût ainsi donné l'éveil à des haines, pour que sa réserve d'ingénue ait fait répandre tant de sang?

Et elle s'interrogeait, la pauvre fille, sans trouver dans son âme simple le secret des choses qui s'accomplissent malgré nous, sans puiser dans sa conscience, que nulle faute n'avait flétrie, la consolation dont sa vie de tristesse et d'angoisse avait tant besoin.

Plus que jamais, après cette crise douloureuse, elle s'était attachée au tableau de Prud'hon. Maintenant c'était à son châtiment, — un châtiment immérité, — qu'elle travaillait chaque jour, y trouvant une joie d'autant plus amère qu'elle se savait plus innocente. Et depuis vingt ans cette torture se poursuivait lentement !

J'aurais voulu lui parler, à cette désemparée du sort, lui rappeler l'enfant qu'elle avait grondé, et la gronder à mon tour, comme un frère peut gronder une sœur, de s'astreindre à monter un calvaire qui ne devait jamais prendre fin. J'aurais voulu lui dire que la vie ne doit pas s'enfermer dans une même pensée, que celui qui l'avait tant chérie lui en voulait de souffrir ainsi pour l'amour de lui; mais il y avait dans son regard tant d'abnégation d'elle-

même, tant de désespoir, on devinait tant
de dévastation dans son cœur, on lisait
dans le silence de ses mouvements et la
modestie de son attitude tant de désir
d'isolement, et une telle volonté de passer
inaperçue ici-bas, que je n'eus pas le courage de céder au mouvement qui me portait vers elle ; et je me tus.

Depuis, dans mes promenades au
Louvre, seul, ou avec mon père, qui n'a
plus à me traîner, je l'ai revue bien souvent, mais toujours avec un long serrement
de cœur. Pauvre miss Edith Brown !

UN BRACELET DE Mlle RACHEL

La semaine dernière, les créanciers de
Mlle Sarah Bernhardt ont vendu à l'hôtel
Drouot les objets que la célèbre comé-
dienne avait abandonnés à leurs exigences.
Cette vente, autour de laquelle il s'est fait
peu de réclame, me rappelle une anec-
dote presque inconnue, dont l'héroïne fut
Rachel Félix, la plus grande tragédienne
du siècle.

Partout l'on causait de Rachel. Les
triomphes se succédaient pour elle ; chaque rôle qu'elle jouait soulevait dans le
public un mouvement d'enthousiasme dont

il est peu d'exemples ; en un mot, elle était
véritablement la reine du théâtre. Elle
était aussi la reine à la ville. Bien qu'elle
fût loin d'être jolie, elle avait des yeux
profonds, brillants, étranges, qui eurent le
don de troubler bien des têtes. Un de ceux
qui s'en ressentit le plus vivement fut certainement Alcide Bureau, et la blessure
fut d'autant plus cruelle, que le pauvre
garçon n'avait aucun espoir d'être un jour
écouté.

Alcide était clerc chez M⁰ L..., notaire à
Paris. Né en 1814, il s'était trouvé, à l'âge
des généreux entraînements, mêlé au plus
fort du mouvement romantique, et les
préoccupations littéraires, poétiques surtout, avaient singulièrement ralenti ses
études de droit. Entré en 1835 dans l'étude
de M⁰ L..., il y était encore en 1855 en
même qualité de deuxième clerc, et passé
à l'état d'étudiant perpétuel. Il était d'ailleurs d'une complexion chétive ; son visage était pâle ; son enfance avait été

attristée par des deuils successifs et rapides, et il tenait de cette solitude d'affec-
tions qui faisait le silence autour de lui,
une insurmontable timidité. Souvent, lors-
que la journée était finie, Me L..., qui avait
pour le *pauvre Alcide*, comme on l'appelait,
une amicale sympathie, voulait le retenir
à dîner, pour causer avec lui ; mais Alcide
trouvait toujours une mauvaise raison
pour s'excuser auprès du patron. La vraie,
c'est que Mme L... était encore jolie femme,
et Alcide rougissait en la voyant. Le soir,
après le travail, il rentrait dans sa petite
chambre de la rue des Moulins, et seul,
devant sa table boiteuse, à la clarté d'une
chandelle fumante, il se laissait aller à des
débordements de poésie. Cet être maigre
et sec, qui toute la journée vieillissait sur
des dossiers indifférents, sur des contrats
longs et ennuyeux, cet être-là était assoiffé
d'idéal, et lorsque le sommeil venait le
surprendre, souvent à une heure avancée
de la nuit, le second clerc de Me L... avait

griffonné sur le papier un nombre respectable d'alexandrins. Il aurait pu se laisser distraire par une mignonne fleuriste qu'il entendait chanter le matin dans la chambre voisine de la sienne, mais il était incompris : c'était un primitif, d'une chasteté presque inconsciente, avec des idées très arrêtées sur toutes ces choses, qu'à son avis, on avait tort de traiter légèrement. Cependant Alcide n'était pas sans passion ; il en avait une, toute platonique ; il aimait le théâtre à la folie, et lui, qui se tenait très volontiers à l'écart des hommes, se trouvait plus à son aise avec les rois de drame et les héros de tragédie.

Vous jugez s'il fut heureux de suivre les représentations de Rachel. Il n'en manquait pas une. Cette femme, que tout le monde acclamait, le ravissait dès qu'elle entrait en scène, et notre vieux garçon (car Alcide l'était maintenant devenu) osait avouer ce sentiment nouveau que la grande tragédienne avait éveillé en lui. Il pouvait, pensait-il, sans déroger à ses habitudes, reconnaître sa faiblesse pour cette reine à qui des souverains avaient fait agréer leur admiration. D'ailleurs Alcide n'avait pas un de ces amours vulgaires qui s'épuisent par les sens. Il aimait Rachel comme une Muse, presque comme une déesse, et son amour avait tout le mystérieux, toute l'austérité d'une religion.

Après le théâtre, Alcide écrivait quelques vers et les envoyait à *Monime*, à *Aménaïde*, à *Hermione*, à *Lesbie*, à *Phèdre*, à *Cléopâtre*, à *Agrippine*, etc., et le concierge du théâtre riait en lisant ces suscriptions sous lesquelles se cachait pourtant une délicatesse touchante de cet amoureux, qui avait peur de souiller la femme aimée, en lui parlant de son amour, et n'osait s'adresser qu'à l'artiste. Mais ces vers naturellement demeuraient sans réponse, et Alcide, bien que très modeste, sentait néanmoins son amour-propre légèrement blessé par ce silence, où lui lisait un mépris. Un jour,

le pauvre garçon voulut à toute force
avoir un mot de Rachel. Il réunit ses économies, et au sortir d'une représentation
de *Cinna*, où il l'avait trouvée plus belle
que de coutume, sous la tunique blanche
d'Émile, aux broderies de laine rouge, il
lui envoya un bracelet italien en or, avec
cette inscription : *Amo te, Ama me!*

Il attendit longtemps : il ne lui vint pas
le moindre remercîment. Alcide sentit
alors ses sentiments se modifier ; il accusait à part lui la grande tragédienne d'ingratitude et de sottise, jusqu'au moment
où il crut l'oublier complètement.

Trois ans après, le mardi 20 avril 1858,
une foule se pressait vers une heure de
l'après-midi au numéro 9 de la place
Royale ; Rachel était morte, et il ne fallait
pas moins de vingt et un jours de vente
pour liquider sa succession. Or, le 20 avril,
on vendait les bijoux. M. Hayaux du Tilly
tenait le marteau d'ivoire, et dirigeait les
vacations avec une majesté qui ne s'oublie

pas. Les numéros du catalogue filaient rapidement, et l'enchère manquait un peu d'ardeur. Cependant voilà que M. Darche, le joaillier bien connu, qui faisait fonction d'expert, appelle l'objet suivant :

N° 125. — Bracelet italien, or pesant 33 gr. avec ces inscriptions : AMO TE, AMA ME!

Aussitôt il se produit un mouvement dans le public ; chacun veut voir de près ce bijou ; l'enchère monte, monte ; il y a lutte aux banknotes. C'est qu'il ne s'agissait rien moins que d'un bracelet favori.

— Vraiment ! demande tout ému à son voisin un petit homme sec.

— Oui ; la discrétion du donateur avait touché Rachel, et avec cet instinct infaillible de la femme, elle avait compris qu'il s'agissait là d'une grande passion.

— Mais n'a-t-elle pas cherché à connaître cet amoureux passionné? demanda timidement l'interlocuteur.

— Cela se pourrait, car elle se sentait

aimée, et ne voulait plus quitter son bracelet.

Le petit homme sec sortit de suite de la salle de vente : deux grosses larmes coulaient le long de ses joues maigres et d'une voix altérée il murmurait : « Pardon ! Rachel ! Pardon !... »

— C'était Alcide Bureau.

LA SYMPHONIE

DE SCHAHUTSSOHN

A Gustave Lanier.

Nos grands confrères quotidiens enregistrent avec exactitude les réunions mondaines plus au moins privées : concert, théâtre, bal masqué, bal blanc, bal de toutes couleurs, thé, dîner de carême ou non ; matinée littéraire, soirée musicale, tout y passe : il s'agit de tuer le temps ; il importe surtout que le public sache avec quel luxe on le tue.

Nous causions de cela, l'autre soir, au bal des Incohérents, cette fête charmante,

et un peintre ami nous raconta, à ce propos,
une séance de musique de chambre qui... ;
mais je préfère lui laisser la parole.

« Il y a quelques mois, nous dit-il, j'étais
dans mon atelier, et j'attendais un modèle
qui devait me poser Cléopâtre. C'était une
jeune femme de vingt-sept ans environ,
jolie, et donnant parfaitement le mouvement.

» Elle arriva, l'air préoccupé.

» — Mon cher maître, me dit-elle, je ne
pose plus.

» — C'est impossible ; et ma Cléopâtre ?

» — Ça m'est égal. J'ai assez de travailler
pour les autres. Une personne, qui s'in-
téresse à moi, veut me laisser le temps de
m'occuper de grand art. J'ai de la voix : je
chante.

» — Je ne comprends pas : voyons, mon
enfant, c'est de la folie. Vous qui posez si
bien, voulez-vous me faire poser à mon
tour ?

» — Non, je compte même sur votre

amitié pour venir me voir de temps en temps, moi, une pauvre petite artiste !

» Et, en prononçant ce mot, elle avait un imperceptible sourire où l'on devinait tout le contentement de sa petite personne.

» Elle ajouta, avec une indifférente fierté d'impératrice : — Je reçois vendredi prochain, dans mon nouvel appartement, 76, rue***. Vous serez dez nôtres, n'est-ce pas ?

» Et elle sortit, laissant négligemment tomber sur l'estrade où elle avait coutume de poser une carte de visite ainsi libellée :

La Baronne des ***

» Je pris cette carte, et, stupéfait de cet anoblissement intempestif, j'allai faire la tournée de tous les ateliers de la maison, et annoncer la nouvelle. Le premier moment fut triste.

» Elle posait si bien, cette petite ! Et ce bras, et ce poignet délié, et ces lignes divinement belles, lorsqu'elle faisait émerger de draperies à l'antique son torse superbe et ses chairs fermes et vibrantes.

» Puis il se produisit un revirement ; c'était drôle : hier *Callixte* ou *Euphémie*, modèle plastique ; aujourd'hui *Baronne des* ***, artiste amateur. Eh bien ! oui, on ira à sa soirée, mais en bande, et pour rire un brin. Sur-le-champ je lui écrivis un mot, la remerciant de son invitation que j'acceptais, à condition d'amener avec moi des camarades, qu'elle connaissait, d'ailleurs. La baronne me répondit par un aimable acquiescement, mais, dans un post-scriptum vraiment épique, elle nous prévenait que nous devions être sérieux, son intention étant de n'avoir que le *grand monde* (sic) dans ses salons.

» Pour le coup, c'était bien de la folie ; mais toute maladie veut être respectée, et nous nous promîmes de rire... sérieusement.

*
* *

» Le vendredi matin, la baronne se pro-

menait dans son appartement, préparé
depuis la veille à la grande réception du
soir, et en voyant les chaises de satin rose
pâlies par les déménagements nombreux
des locations, et qui se rangeaient comme
les stalles d'un orchestre, elle ne pouvait
s'empêcher de prendre les choses de plus
en plus au tragique. Quelle ne fut pas sa
surprise, surprise agréable s'entend, lorsqu'un domestique se présenta chez elle, et
lui remit une lettre ainsi conçue :

« Vous avez raison, ma chère baronne,
» il faut chez vous de l'art authentique ;
» permettez-moi donc de faire déposer,
» dans un coin du salon, nos instruments
» de musique et l'œuvre à exécuter.

» A vous amicalement. »

» En effet, comme elle achevait la lecture
du billet, elle vit apporter une contrebasse,
deux violons, un alto, un violoncelle, un
étui à flûte, et un paquet de musique qu'elle
ouvrit, comme une petite fille curieuse,
avec des minauderies d'enfant gâté. Qu'elle

dut éprouver de joie en parcourant la première page :

BRISES DU SOIR

Symphonie en trois parties pour septuor d'instruments

par Michael Schahutssohn

*Exécutée pour la première fois chez la Baronne des *** et à elle dédiée ! ! !*

» Et de sa jolie main elle feuilletait les gros cahiers tout barbouillés de notes. C'était un déluge de doubles croches, d'arpèges, d'appogiatures, puis c'étaient de longues parties chargées de blanches ou de pauses ; et tout cela était fait pour elle. Comme ils étaient gentils tout de même, de venir en vrais artistes chez elle, un ancien modèle, quoi ! Une symphonie et une première audition, voilà qui allait lancer son nom aux quatre coins du monde élégant. Pourtant une ombre obscurcissait son bonheur (il n'est jamais de plaisir pur). Elle ne se rappelait pas avoir jamais entendu ses peintres faire de la musique ; quelquefois l'atelier retentissait d'un joyeux refrain accompagné par des batteries à l'italienne, sur un vieux piano carré, aussi faussé que rococo. De là à une symphonie pour septuor d'instruments, il y avait loin. Et puis, parmi les visiteurs, elle n'avait jamais vu ce Michaël Schahutssohn. Qu'était-il ? Peut-être un maître de demain, après la fameuse soirée.

» Après tout Schahutssohn, Mendelssohn, c'était cela ; même famille : et puis l'idée d'une farce d'atelier... non, jamais ! ! ! Et la baronne, rassurée par elle-même, heureuse de cet atout inespéré qui tombait dans son jeu, attendait avec impatience l'instant où les invités feraient leur entrée.

*
* *

» Onze heures viennent de sonner : les deux salons sont tout rutilants de lumières. Les dames, peu nombreuses, sont assises en demi-cercle ; les hommes, debout autour,

regardent les épaules que l'éventail cherche
mal à dérober aux indiscrétions voulues,
ou bien ils causent à voix basse dans l'em-
brasure des portes. De-ci, de-là, on remarque des boutonnières chargées de bro-
chettes dont l'éclat tranche sur l'obscurité
de l'habit noir. Tous les ordres étrangers
sont représentés dans l'assistance de la
baronne, comme tous les âges, depuis le
jeune échappé de rhétorique, qui essaie
son premier chapeau à ressorts, jusqu'au
vieillard à cheveux blancs que ses concitoyens n'ont peut-être pas fait sénateur,
mais que ses jambes hésitantes rendent
presque inamovible. Déjà l'on a chanté, on
a dit des vers, et les auditeurs, qui se sont
animés peu à peu, ont applaudi, avec une
distinction parfaite.

» Mais un silence se fait : de hauts
feuillets de musique manuscrite s'ouvrent
sur les pupitres. La contrebasse se dresse,
avec ses grosses clefs à engrenage ; la flûte
lance quelques notes aiguës, les violons s'ac-

cordent lentement, et pendant ce *crescendo* harmonieusement discordant, que jamais la science du musicien n'a pu noter avec vérité, un mot circule dans le public : « C'est une symphonie... la symphonie inédite... première audition... trois parties... » Et le silence se rétablit quand les exécutants ont pris place, c'est-à-dire quand toute la maisonnée du boulevard Clichy, infidèle à ses brosses, est entrée gravement, comme des gens qui vont livrer une rude bataille. Et sous les éventails, et derrière l'aplatissement des claques aux chiffres brodés, toutes les bouches étouffent des bâillements anticipés, tandis que les yeux se lèvent hypocritement vers le plafond, tout prêts à l'extase que commande le grand art, le grand art qu'ils ne sauront jamais comprendre.

» Le premier morceau a commencé : c'est un *Andante religioso ;* c'est calme, calme, calme ! Les mesures à compter abondent, et de temps à autre seulement on entend un accord, que dis-je? une note. On se regarde, on a envie de rire : mais non, l'auteur est peut-être là, et puis l'orchestre a l'air si grave ! Et le morceau continue lent, lent, lent. La baronne semble inquiète. Si l'on s'était moqué d'elle ? Pourtant on dirait qu'ils jouent *sérieusement*. Ah ! quel instant d'angoisse pour elle ! Le morceau s'achève tout bas, tout bas, tout bas. Les auditeurs applaudissent mollement ; moitié par ironie, moitié aussi par charité pour ce garçon à longs cheveux, qui s'éponge le front et salue humblement, de son tabouret de piano, et que l'on soupçonne d'être Michaël Schahutssohn. Il fait des yeux blancs et vagues ; on le dirait en proie à une émotion violente.

» Deuxième morceau : *Scherzo*. La forme change : plus de mesures à compter ; chacun à son tour donne une note, et cela rappelle de très loin les *pizzicati* de Sylvia. C'est comme la chanson d'une averse sur les glaces d'une cour vitrée. Le piano donne de la pédale. La basse mugit lugubrement. Les violons ont des grincements d'omnibus trop chargé, montant la rue des Martyrs ; la flûte, dans une cadence longtemps chevrotée, vous fait frissonner comme un sifflet de vapeur à jet continu ; et le public commence à murmurer : la pauvre baronne est pâle d'effroi et de rage ; les voilà donc ces arpèges qui lui semblaient le matin devoir être envolés sur la harpe des anges, et qui se transforment dans la réalité en une cacophonie infernale !... Et eux, les impassibles, continuent leur tintamarre, élevant leur vacarme au diapason de l'orage qui gronde. Assez !... Assez !... les systèmes nerveux n'en peuvent plus. Assez !... Un coup de sifflet retentit. C'est le signal du tumulte, « A toi-z-à moi, la paille de fer ! ! ! » s'écrie le pianiste chevelu ; et tout l'orchestre redouble : c'est un tonnerre sous lequel ils étouffent leurs éclats de rire ; les hommes crient, les femmes scandalisées se pâment... de malaise, et la pauvre baronne, dans le fond de ce salon en rumeur, ne peut retenir ses larmes. Puis tout cesse. Schahutssohn et ses compères ont disparu comme par enchantement.

» Depuis, la baronne des *** est redevenue l'aimable modèle que vous savez. Elle est là-bas ; regardez : ce *jeu de cartes*, qui esquisse un cavalier seul ; son loup vous cache la figure. Mais au prochain Salon, remarquez ma Cléopâtre ; c'est elle, très ressemblante : dites-en beaucoup de bien. »

LA RECETTE
DE M. DE LOURSIÈRE

A Paul Rougnon.

On danse à l'hôtel de la rue de Varennes.
M. Tubal-Caïn de Loursière et sa jeune
femme, la blonde Hermione, donnent leur
deuxième bal d'automne. La fête est très
animée ; public d'élite, épaules superbes.
Cependant Hermione est triste : elle est assise dans une causeuse et garde un silence
accablé. Devant elle, un ami de son mari,
M. d'Herboys, semble, lui aussi, sous le
coup d'une grave préoccupation.

M. de Loursière est un heureux mari,

plein de bon sens, et peu inquiet de la fidélité de sa femme. Il sait Hermione honnête,
et puis il est de ceux qu'on ne peut pas
tromper. Pourtant, lorsqu'il a aperçu
d'Herboys et sa femme, il a senti surgir
en lui une tempête bientôt calmée : d'Herboys a au cercle la réputation d'un séducteur
irrésistible ; on cite ses conquêtes, et la
liste serait capable de troubler le repos de
feu Lovelace lui-même. Si Hermione allait
inscrire son nom sur les éphémérides ga-
lantes de son ami ? Oui, c'est cela, la pauvrette se défend encore. Un jour de plus, et
peut-être la chute sera consommée : c'est
le moment pour de Loursière d'intervenir ;
il vient rompre le silence des deux attris-
tés.

— Eh bien ! pourquoi ces airs de carême ?

— Mon ami, reprend vivement Hermione,
M. d'Herboys nous quitte demain ; dans
deux jours il part chargé d'une mission
pour la Plata.

M. de Loursière se fait un visage boule-
versé, et répond :

— Impossible. On ne peut priver Paris
d'un cavalier tel que toi, mon cher d'Herboys. Exiler un homme de ta valeur si
loin, c'est un crime, et ma vieille amitié se
refuse d'y croire. D'ailleurs le ministre est
chez moi ; je vais lui en dire un mot.

Et il sort. Hermione et d'Herboys ont un
mouvement de joie. Mais tous deux sentent
bientôt une gêne. Le mari qui va contribuer
à laisser le loup s'asseoir dans la bergerie,
c'est par trop naïf, et la victoire semble trop
facile.

— D'Herboys, d'Herboys, tu restes à
Paris. Monsieur le Ministre vient lui-même
te porter cette bonne nouvelle.

Et le petit salon s'emplit de monde. Le
ministre, homme fort aimable, s'adresse à
d'Herboys avec une bienveillance marquée.
Celui-ci remercie, assez confus. Hermione
cherche un compliment, que sa lèvre ne
peut articuler. Le nom de d'Herboys passe

de bouche en bouche. De Loursière, poursuivant son idée, exalte les mérites de son
cher d'Herboys, politique sûr, diplomate
habile, ami dévoué, incapable de ces traîtrises banales qui alimentent le roman moderne. Et l'on parle, et l'on juge, et l'on
loue, et l'on admire, si bien que d'Herboys
est le héros du bal. Les hommes veulent
tous avoir un bout d'entretien avec lui ;
les femmes se l'arrachent pour un tour de
polka ou de valse. Comme de Loursière est
très lancé dans le monde de la diplomatie,
plusieurs ambassadeurs aiment à venir lui
serrer la main chez lui. Tous se font présenter d'Herboys, le seul d'Herboys, l'unique d'Herboys. Et on lui promet toutes
sortes de choses charmantes. Comment, sa
boutonnière n'est pas encore armée d'une
brochette ? Vite, que les puissances réparent
cet oubli : et il aura des aigles à deux,
trois et plusieurs têtes, des lions dans un
rayonnement de soleil, des Christ, des
Grégoire, des Nycham, des éléphants de

toutes les couleurs, des toisons qui seront
plus ou moins britanniques, etc. D'Herboys
est accablé. Au premier assaut, il s'est défendu d'une pointe d'orgueil, tournant encore des regards attendris sur les grands
yeux bleus d'Hermione, sur ses cheveux
d'un blond pâle, sur son corsage délicieu-
sement indiscret, sur cette main mignonne
et potelée, que sa lèvre effleurait tout à
l'heure d'un ardent baiser. Mais les rubans
se sont déroulés entre lui et elle, séparant
d'un rideau éblouissant et bariolé l'humble
ver de terre de l'étoile dont l'éclat s'est
éteint à ses yeux. Il se sent grandi par cette
rosée de distinctions, et il s'épanouit
comme un coquelicot, buvant à plein calice
le poison endormeur des vanités humaines.
Il éprouve un besoin intense d'être utile,
de mériter les éloges dont il est l'objet, et
cette mission qu'il refusait tout à l'heure, il
ira la demander demain, voulant donner à
tous l'exemple de l'abnégation, quand le
devoir se fait entendre.

Hermione, elle, assiste à cette comédie ; un doute bienfaisant éclate en son cœur troublé. Tout à l'heure l'amour parlait auprès d'elle; maintenant, plus rien. Elle est oubliée : et la rage lui monte au cerveau. Elle n'était donc qu'un jouet, un hochet, plus faible encore que ceux qu'on vient de distribuer autour d'elle, puisque l'enfant capricieux n'a même pas attendu, pour l'abandonner, qu'il fût... cassé. Oui, cet amour, cette passion qu'elle avait eu la sottise d'écouter, ce n'était qu'une noire hypocrisie. Le d'Herboys venait semer des promesses de baisers, et il récoltait une moisson de croix. Il était entré comme un chérubin timide, tout prêt à chanter une amoureuse ballade, si on l'en priait; il sortait comme un Ruy-Blas, dédaigneux, fier et le verbe haut. Aussi, n'aurait-elle pas dû comprendre la ruse en voyant le calme de son mari. Tubal-Caïn l'aimait, lui, et il n'a pas paru jaloux. Au contraire, lui, qu'on allait immoler, se fait bienfaiteur. Et Hermione rougit d'avoir songé un instant à oublier ses devoirs, et elle jette des yeux brillants de reconnaissance et d'amour sur M. de Loursière, son mari et son sauveur, qui la regarde triomphant.

L'heure est tardive : les invités se retirent petit à petit, d'Herboys est parti l'un des premiers ; il est tout gonflé de son importance soudaine, et de ses mérites inconnus ; volontiers il eût crié en fendant la foule : « Laissez passer, pour affaires d'Etat ! » Les salons sont maintenant déserts. Près de la causeuse dont nous avons parlé plus haut, Tubal-Caïn serre Hermione sur sa poitrine, et la jolie blonde, dans un acte de contrition parfaite, avec la conscience du danger couru, fait naïvement sa confession dans ces mots où elle a mis toute sa chasteté de femme, toute son âme d'épouse fidèle : « C'est toi seul que j'aime ! »

Vous le voyez, amis lecteurs, qui redoutez semblables catastrophes, rien n'est plus simple : du sang-froid, des soirées d'automne, des ambassadeurs, et un ministre... opportuniste au besoin : Toute la recette est là.

FABLE

La première femme qui s'adonna au plaisir du cycle s'appelait *Tyché*; elle était fille de l'Océan, si l'on en croit Homère, et les peuples l'ont baptisée d'un nom plus courant : *La Fortune.*

Mais cette gracieuse personne, qui se souciait fort de ne pas abîmer sa taille, de ne pas arrondir sa colonne vertébrale, et de ne pas fatiguer sa respiration dans le match des siècles, qu'elle avait accepté de courir, cette gracieuse personne avait supprimé la selle, et se tenait debout sur une roue, une seule, le monocycle, quoi ! comme dirait Thucydide. Elle évitait ainsi l'ennui d'une seconde roue, le guidon, les manivelles, et

comme l'équilibre n'avait plus de secret
pour elle, elle avait de bonne heure re-
noncé aux pédales.

Elle s'en allait donc, sur sa machine,
d'un poids minime, roulant par les chemins
les plus tortueux, bondissant même de cahot
en cahot, sans peur de crever son pneuma-
tique, par cette bonne raison qu'elle n'en
avait pas ; fière de sa petite roue, faite
d'une pierre éternelle, une sorte de meule,
à la fois légère et lourde, légère puisqu'elle
franchissait, sans bruit, des étendues
énormes, sans se buter contre aucun obstacle, et lourde puisque les malheureux
qu'elle renversait sur son passage demeuraient aplatis comme pains à cacheter.

Elle avait d'ailleurs muni l'essieu de son
monocycle de deux petites ailes dont les
boues traversées ne souillèrent jamais les
plumes blanches. Pourtant, ceux qui met-
taient leur attention à suivre leurs batte-
ments ne tardaient pas à s'apercevoir que
les deux ailes cachaient des lames de faulx

extraordinairement effilées, et qu'à l'extré-
mité des plumes blanches pleuraient des
larmes de sang.

Etait-ce là une méchanceté hypocrite de
la Fortune? Nullement, car le caprice de
Tyché voulait qu'elle parcourût incessam-
ment le monde, les yeux clos sous un épais
bandeau. Cette éternelle cycliste était, de
par la volonté des dieux, une éternelle
aveugle, et si ses bras étaient toujours
chargés d'une corne d'abondance, sa volonté
sans guide ne lui permettait pas de se servir
de sa corne pour avertir les gens menacés
d'être écrasés, ni de partager son abondance avec ceux qui gémissaient dans le
dénuement. Avec cela, une endurance
extra-humaine qui lui faisait braver les
intempéries de toutes les saisons dans son
costume rudimentaire, aux transparences
coquettes, et lui laissait ignorer la faim
dans sa course jamais interrompue.

Elle a disparu depuis quelque temps, et
ceux qui y croyaient fermement, ceux qui

en étaient *entichés* — voyez où va se nicher
l'origine des mots ! — ceux-là sont profondément navrés de son absence. Moi-même,
dans l'allée du Bois, j'ai interrogé des yeux
des cyclistes aux performances agréables,
celles qui étaient assises sur la selle aux
ressorts souples ; j'ai interrogé les jupes
d'écossais et les pantalons de zouave ; j'ai
cherché les ailes blanches aux gouttes de
sang ; mais je n'ai vu que formes évaguées,
courbées sur le guidon, avec de lointaines
ressemblances batraciennes ; et je me suis
désolé en pensant que, pour rencontrer la
gracieuse aveugle aux hanches dénudées
et à la roue agile et cruelle, j'étais venu
trop tard, dans un siècle trop vieux, qui
détient et croit détenir le record de la
pudeur.

Pourquoi les femmes qui vont à bicyclette
se croient-elles forcées de se dessexuer
quant au vêtement ? Que n'imitent-elles la
Fortune ? Les écharpes ont tant d'art pour
tout voiler... et même tout dévoiler !

L'HEURE DU REQUIN.

Monsieur le ministre faisait une tournée ; mais une tournée d'un genre spé-
cial, à la fois officielle et de plaisance.
Dans un yacht de l'État, dont un équipage
peu nombreux animait la manœuvre, les
invités, choisis parmi les intimes, avaient
pris place, et comme monsieur le ministre
était bon enfant, on s'en donnait de rire
un brin pour passer les heures sans ennui.

La tournée, en effet, devait durer une
quinzaine de jours, et si parfois l'on des-
cendait à terre, pour la visite solennelle
aux petits ports rencontrés le long de la

côte, on n'en regagnait pas moins le bord,
à la nuit tombée. Ç'avait été la volonté
expresse du ministre : la vie de marin,
sans les nuits à bord, ce n'est pas la vie de
marin.

D'ailleurs, les nuits ainsi passées n'é-
taient pas désagréables, la mer était calme
et le ciel clair : pas le moindre grain à
l'horizon ; pas la plus petite tempête an-
noncée par les abbés qui font de l'astro-
nomie ; la lune, à face pleine, se répan-
dait en papillotes de lumière, et pour
ceux qui se sentaient le cœur à la rêverie,
il y avait là une rare occasion de se re-
cueillir, les yeux levés aux étoiles ; pour
les autres, que leurs dispositions psychi-
ques rapprochaient d'avantage des joies
matérielles, il y avait dans les cabines de
moelleuses couchettes, où il leur était possible de goûter, tout à leur aise, de calmes
sommeils, aux balancements alanguis et
rythmiques de la grande bleue, devenue
berceuse.

Et, de fait, il faut avouer que les rêveurs
étaient rares parmi les invités de monsieur
le ministre. On s'amusait tant, tout le
long de la journée! Dans le bateau, c'était
une fête ininterrompue, une fête d'é-
chappés de collège, une véritable joie de
vacances, à laquelle monsieur le ministre
ne savait pas se soustraire lui-même.

A terre, il est vrai, c'était une autre
chanson, sans que toutefois ce fût fini de
rire. Les invités, avec leurs casquettes de
yachtmen, formaient une escorte grave, et
monsieur le ministre se faisait une physionomie comiquement paterne, pour écouter,
avec sa bienveillance coutumière, — mais
renseignée — les éloges que lui décer-
naient, en prodigues, les autorités locales,
et les sollicitations de toutes sortes qui ne
manquaient pas de se glisser après les
éloges. Monsieur le ministre, quand le
moment était arrivé, avait dans ses ré-
ponses une larmes attendrie pour les tristesses de chacun, un encouragement pour

ceux qui ont la patience d'espérer toujours, quelques phrases bien sonnantes pour évoquer l'idée de la patrie planant au-dessus de l'intérêt individuel, de chaudes promesses, transmises au nom du gouvernement, dont il était, lui, le plus humble, le plus modeste serviteur, etc., etc., toute la rhétorique, en un mot, qui ouvre ses tiroirs en pareille circonstance.

Parfois, après une orageuse discussion, un conseil municipal avait décidé de se mettre en frais, et voulait retenir en un banquet pantagruélique (turbot sauce hollandaise, filet sauce chevreuil, coquille de foie gras, bombe nationale), Monsieur le ministre et « les éminents citoyens qui avaient l'honneur de l'accompagner. » Mais, cédant aux regards suppliants de ces éminents personnages, monsieur le ministre affirmait qu'il était attendu autre part, que ses instants — il le regrettait pour la première fois — ne lui appartenaient pas, qu'ils appartenaient au pays tout entier ;

qu'il se devait à tous également, mais qu'il reviendrait bientôt : c'était si bon de se trouver au milieu de ces braves populations de... braves gens, qui étaient décidément très... braves !

Monsieur le ministre ne se piquait pas d'être éloquent ; mais il était le bonhomme tout rond, qui parle avec son cœur, à la bonne franquette, et on l'applaudissait jusque dans ses refus.

Et, aux accents d'un pas redoublé, mugi à pleins poumons par une fanfare inénarrable, monsieur le ministre et sa suite regagnaient le yacht ; et, au large, lorsque les terriens ne pouvaient plus entendre, c'était une explosion de joie, une ronde folle, dont monsieur le ministre, redevenu l'amphitryon le plus aimable qui soit, était le premier à s'amuser.

*
*

Or, un jour qu'on avait fait escale dans une anse où des pêcheurs formaient en nombre restreint tout le contingent de la population, monsieur le ministre avisa sur le sable une masse inerte qui lui parut bizarre.

— Qu'est-ce ceci ? fit-il avec intérêt.

— Ça ? répondit un pêcheur au cuir tanné, un vieux loup de mer, avec des anneaux d'or aux oreilles ; ça ? c'est une sale bête, c'est un requin, qu'il est péché de ce tantôt.

— Bien, ça, mon ami, répliqua monsieur le ministre, en posant une main paternelle sur l'épaule du pêcheur, comptant que le geste serait plus éloquent que les mots. Et on s'en revint à bord, après une visite à ce coin très pittoresque, où la vie semblait ne demander l'eau, que pour la pêche, et la terre, que pour y préparer les filets.

Le lendemain, vers une heure, monsieur le ministre était resté à table avec quelques-uns de ses convives. Les autres s'étaient répandus sur le pont : tout à coup l'on cria :

— Monsieur le ministre ! monsieur le ministre ! Un requin ! un requin !

Vite, monsieur le ministre se précipita vers l'endroit d'où partait le cri : deux hommes tiraient une corde ; et, au bout de la corde, la gueule prise dans le croc d'un harpon, un requin se balançait.

— Bien, ça ! fit gaiement monsieur le ministre. (C'était son mot, il faut le croire, quand il voyait pêcher un requin.) Un hier, près d'ici ; un autre aujourd'hui ! C'est que,....

M. le ministre maintenant, et après réflexion, paraissait inquiet.

— N'ayez crainte, conclut un des invités, qui s'était, par sa gaieté, improvisé le boute-entrain de toute la bande : ces oiseaux-là, ça me connaît.

— En êtes-vous bien sûr ?

— Comme de votre parole, monsieur le ministre.

— Alors, cela va marcher, amiral, répondit le ministre, en donnant à son interlocuteur le surnom dont on l'avait désigné dès le premier jour de la tournée.

Pourtant, M. le ministre était moins rassuré qu'il ne le laissait croire : il se raconte tant de choses sur ces maudits poissons ! Une fois réinstallé à table, M. le ministre, qui en tenait décidément pour ce sujet de conversation, entama une longue conférence sur le requin.

— Très vorace, ce poisson, disait-il.

Et chacun d'appuyer cette triste constatation. Les anecdotes allaient leur train. Qu'est-ce qui n'a pas une petite histoire de requin dans le fond de son sac ? Il faudrait, pour cela, n'être jamais allé jusqu'à Meudon, et être pauvre comme Job quant aux facilités d'imagination ! Tel n'était pas le cas d'un invité de M. le ministre, qui voulant achever la conférence par des aperçus dignes d'un congrès, demanda, avec un air des plus réfléchis :

— Est-ce que Linné n'a pas classé cet animal ?

— Oui, fit quelqu'un. (Un simple *oui*, jeté de la sorte, n'était compromettant pour personne, pas même pour Linné.)

— C'est, en somme, le carcharias commun, continua M. le ministre.

— C'est un sélacien, fit l'*amiral*.

— Et vous savez quel est l'écho de son nom : Requin.....

— *Requiem*, monsieur le ministre.

A ce mot de *requiem*, M. le ministre dut avoir un frisson, car, comme on lui assurait que le sélacien en question était mis dans la glace.

— Il est bien mort, au moins, fit-il vivement.

**

Le lendemain de cette pêche presque miraculeuse : il est une heure. M. le ministre, très régulier, vient de déjeuner et prend son café.

— Monsieur le ministre ! Monsieur le ministre ! un requin !

— Encore, s'écria le ministre en se levant de table. Les côtes en sont donc infestées !

Cette fois, c'est à l'arrière qu'on pêche le poisson monstre.

— La même heure qu'hier, remarque judicieusement le ministre étonné.

— L'heure du requin, répond l'amiral.

— Étrange !

— Non, pas étrange le moins du monde. Les requins, d'après Linné, ont deux qualités très développées : la mémoire et l'esprit de famille.

— Vraiment ?

— Comme je vous le dis.

— Alors, à votre avis, c'est un parent de l'autre ?

— A n'en pas douter.

— Pourquoi pas son frère ?

— Peut-être bien ? Et un frère jumeau, encore ! Voyez : il est de la même taille, et un de ces airs de famille...

— Amiral, je crois que vous vous payez ma tête.

— Une tête de ministre ? Cela coûterait trop cher.

Pourtant, M. le ministre, très sceptique, n'acceptait qu'à demi les affirmations de son hôte, et n'osait encore les repousser complètement.

— Va donc pour un frère, dit-il en touchant du pied le poisson ; nous verrons bien.

**

M. le ministre est inquiet, sans en rien laisser paraître. Il voudrait qu'on se pressât de déjeuner ; mais, comme si l'on tenait à faire pièce à son impatience, personne ne se hâte aujourd'hui ; on se prélasse à table, on cause, on bavarde, on potine, on rit, et pas moyen de se lever.

Il n'est encore qu'une heure moins un quart ; si l'on allait pêcher un nouveau requin ? Si l'amiral avait dit vrai ? Décidément les côtes n'étaient pas sûres : il faudrait que lui, M. le ministre, en référât à son collègue de la Marine.

Enfin une heure sonne : immédiatement un cri :

— Au requin ! Au requin !

Tout le monde est sur le pont. M. le ministre, très digne, assiste au hissage de la bête.

— Une heure, monsieur le ministre, constate l'*amiral*.

— L'heure du requin, vous aviez raison ! Et... un frère encore ?

— Non ! celui-là c'est le père, fit l'amiral en se penchant sur le requin : voyez, il est décoré !

Et de la main, tandis que tous les invités riaient, l'*amiral* désignait au ministre la poitrine du requin où était épinglée une croix de l'Annam.

M. le ministre comprit alors, se pinça les lèvres, et montrant un doigt menaçant au mystificateur :

— Savez-vous, l'amiral, que cela coûte

cher quelquefois de se moquer d'un ministre?

— Oui, quand ce ministre n'est pas un homme d'esprit !

Et ce jour-là, M. le ministre prouva qu'il en avait à revendre.

ÉCRASÉE!

Comme la fête de Neuilly battait son plein, on avait décidé que le prochain dimanche, à moins d'une pluie torrentielle, les deux familles se rencontreraient, vers trois heures, à la Porte-Maillot, et de là iraient faire un tour aux baraques de l'avenue.

Les deux enfants auraient tout le temps de causer, de se voir et de se plaire ; car l'oncle Delumard avait fait ce vœu de marier sa nièce Adèle Beaumesnil, fille de Zéphirin et Olympe Beaumesnil, bimbelotiers de la rue du Petit-Carreau, avec Ernest

Gravellot, fils de feu son vieil ami, Fabien Gravellot, et de la belle Mme Ernestine Gravellot. Ernest était d'ailleurs un garçon sérieux, employé chez un opticien du boulevard de Clichy, et Adèle, qui atteignait ses vingt ans, avait tout ce qu'il fallait pour plaire : joli visage, jolie modestie, jolie éducation et jolie dot ; même elle ne faisait ni peinture à l'huile, ni pastel ; et le piano ne l'attirait que pour y jouer *la Dernière pensée de Weber* ou *les Cloches du monastère.* Avec cela des bandeaux à la Vierge qui lui seyaient à ravir, et de profondes lumières encore endormies dans le regard, mais ne demandant qu'à s'éveiller.

Et, l'oncle Delumard avait dit à Ernest en combinant cette entrevue : « Coquin ! tu ne te plaindras pas. »

*
* *

Donc, le dimanche, comme le temps était clair, et le ciel tout ensoleillé, les deux familles s'étaient trouvées exactement au rendez-vous, et l'oncle, en gaîté, ce jour-là, avait crié : « En avant ! » pour la fête.

L'oncle allait en tête ayant à son bras Mme Olympe Beaumesnil ; derrière, M. Zéphirin Beaumesnil accompagnait Mme veuve Gravellot, la toujours belle Ernestine ; entre les deux couples marchaient le jeune homme et la jeune fille : Adèle, toute gracieuse, toute rose, tout émue ; Ernest, pensif, absorbé dans l'ennui d'une décision à prendre, mais heureux cependant du trouble que sa présence occasionnait à cette personne séduisante, dont le bras avait, par instants, des frissons sous le sien.

Et la foule était compacte à Neuilly, ce jour-là, compacte comme la poussière de la terre sèche, qui mettait un voile gris sur les touffes fleuries des chapeaux, et vous brûlait aux paupières. De toutes les parades, les cris partaient dans leur brutale et populaire gaieté, et la complainte sénile des saxophones bossués et faussés, achetés chez le bric-à-brac, avait peine à lutter contre les harmonies mécaniques des Gavioli.

Les Beaumesnil et les Gravellot avaient déjà visité plusieurs boutiques et essayé leur chance à quelques tourniquets. Mais, l'oncle Delumard était enragé de distractions par ce dimanche de présentation conjugale; il voulait tout voir, aller partout, s'amuser en un mot — il y a encore des gens qui s'amusent — et pour l'instant il avait obligé son cortège à grimper sur des chevaux de bois.

Le manège était très brillant : manège fin de siècle, avec orchestre vivant et orgues automatiques; manivelles à vapeur, deux étages d'animaux préhistoriques et antédiluviens. — Où la paléontologie va-t-elle se nicher? — Et plus une place n'était libre. Dans l'assaut auquel ils s'étaient livrés pour obtenir une bête, Delumard, Beaumesnil et Gravellot furent séparés.

*
* *

Et, pendant que l'énorme machine opérait son évolution, Ernest avait rek.arqué, parmi les spectateurs et les badauds, une jeune fille dont la vue l'impressionna. L'impression fut même si vive, qu'à l'instant où la partie de manège prenait fin, Ernest oublia complètement qu'il n'était pas venu seul à Neuilly, et s'en fut sans hésitation aborder la jeune fille.

Celle-ci, froide, se retira sans répondre ; mais Ernest s'obstina à la suivre. Pendant ce temps, Gravellot, Beaumesnil et Delumard appelaient à qui mieux mieux Ernest. M. Ernest n'entendait plus ; il était déjà loin. Delumard, d'ailleurs, se faisant de suite une philosophie, répliquait qu'il est impossible de ne pas se perdre dans la foule ; que plus on se cherche, moins on se trouve ; que le hasard est un grand maître qui remettrait Ernest sur leur chemin ; que la vie est faite tout entière de ces éloignements qui ménagent les plus douces surprises, etc., etc. ; l'oncle Delumard avait tout un bagage d'axiomes, que la sagesse des

nations garde pour la consolation et la tranquillité des esprits simples ; et de fait, le
cortège Delumard se rasséréna. Seulement,
comme Adèle était seule, elle vint se placer
auprès de Mme Gravellot, passa son bras
frêle sous le sien, et ne montra pas trop que
l'absence de M. Ernest l'attristait. Mme Gravellot, c'était encore un peu du fiancé, et
en écoutant parler la mère, elle rêverait
plus facilement au fils.

*
* *

Cependant, la jeune fille, qui fuyait si
bien devant l'inconnu indiscret, s'était
quelque peu humanisée. Ernest avait eu
de tels accents de sincérité, il avait parlé du
coup de foudre qui l'avait attaché à ses pas
avec tant de chaleur et de conviction, que
la peureuse avait ralenti sa marche, accepté
le bras qu'on lui offrait, et racontait sa vie
à cette connaissance instantanée. Elle se
nommait Marcelle Gentil ; elle habitait

dans le haut des Ternes ; elle était orpheline ; elle était l'unique soutien d'une
bonne grand'mère, presque aveugle, à qui
son travail dans une fabrique de fleurs artificielles donnait bien juste de quoi vivre.
Elle quittait rarement la pauvre vieille
qu'elle adorait ; mais le temps aujourd'hui
était si beau, le soleil était si gai que la
grand'mère avait exigé que sa petite fille
sortît ; et Marcelle, sang songer, avait marché devant elle, et elle était arrivée à
Neuilly, et on savait le reste.

Marcelle n'était pas jolie ; elle avait des
cheveux trop blonds encadrant un visage
trop pâle ; mais elle était Parisienne jusqu'au bout des ongles ; elle avait, dans sa
simplicité, une coquetterie naturelle qui
l'enveloppait d'une irrésistible séduction ;
dans ses yeux grands et clairs, tout voilés
de mélancolie, on lisait je ne sais quelle
lueur, quelle volupté de tendresse ; elle
était à la fois très jeune fille et très femme
déjà. Les livres qu'elle avait lus, le soir, à

la lueur fumeuse de sa lampe à essence,
avaient mûri son cœur, et l'avaient mise
en garde contre les chutes faciles ; elle
savait la vie par ses désespérances et ses
déceptions autant que par ses tentations,
et elle en acceptait la lutte, elle la mène-
rait aussi loin que possible, prête à se
défendre vaillamment, désespérément, à
cause de la pauvre vieille.

Et dans cette âme qui se laissait lire si
franchement, si gentiment, Ernest sentait
naître pour lui une passion qu'il se jugeait
impuissant à combattre ; il admirait ce
courage robuste à s'avouer avec tant de
vérité ; et tout en se reprochant la faute
qu'il allait commettre, le crime qu'il se
proposait déjà à l'égard de cette vertu
mal protégée contre elle-même, la respon-
sabilité de l'action qu'un honnête homme
doit assumer, il avait soif de cette jeunesse,
de ces dix-huit ans, déjà si réfléchis ; il
voulait cette femme; il voulait son étreinte,
il voulait !

*
* *

Comme ils étaient tous deux arrivés à quelques mètres de la maison de Marcelle, ils se donnèrent la main et se quittèrent.

Ernest, retournant à Neuilly, rejoignit Gravellot et Beaumesnil ; décidément, le hasard était un grand maître, et l'oncle Delumard avait raison. Après un dernier tour à la fête, le cortège entra dans un restaurant ; l'oncle fut d'un esprit ! mais d'un esprit ! un esprit de lampiste, quoi ! prétendit M. Beaumesnil, qui s'y connaissait, en qualité de bimbelotier de la rue du Petit-Carreau. Et quand vint le dessert, l'oncle décida solennellement que Ernest Gravellot épouserait Mlle Adèle Beaumesnil, et qu'ils auraient beaucoup d'enfants. Adèle se jeta, en larmes, dans les bras de Mme Gravellot ; Ernest, bien qu'ayant l'esprit ailleurs, dut presser dans les siens Mme Beaumesnil, sa future belle-mère, qui lui demandait déjà s'il rendrait Adèle heureuse, et l'oncle Delumard, altéré lui-même d'accolades, empoigna le bimbelotier et faillit l'étouffer dans sa démonstration amicale.

II

Quelques jours après, dans une petite chambre, à l'heure où l'on sort des ateliers, Marcelle, les yeux rouges, murmurait avec effroi :

— Si grand'mère le savait !

Et, à genoux devant elle :

— Je t'aime, Marcelle, répondait Ernest ; je t'aime et tu seras ma femme. Que crains-tu avec moi ?

— C'est mal ce que nous avons fait là !

— Je t'aime !

— Quelle honte !

— Je t'aime !

— Que je suis malheureuse !

— Je t'aime ! Je t'aime ! Je t'aime !

Et il tenait maintenant la jeune femme

debout contre lui, buvant ses larmes dans
ses baisers ; et Marcelle, ne sachant plus
à quoi penser, dans cet effondrement de
sa vie jusque-là sans tache, Marcelle se
laissait bercer à cette promesse d'amour ;
sa pudeur s'engourdissait sous l'effort de
cette passion qui semblait si sincère. Elle
en arrivait, dans le trouble de tout son être,
à excuser déjà sa faiblesse : c'était le besoin, qui sait ? le caprice d'aimer, qui allait
la mordre, elle aussi, au cœur.

Et chaque jour, maintenant, sans qu'il
fût nécessaire de l'aller attendre à la sortie
de l'atelier, Marcelle montait prestement
les cinq étages, et entrait tout essoufflée,
tout assoiffée de tendresse, dans la chambre
où Ernest l'attendait...

*
* *

Cela dura un mois. Pendant ce temps,
l'oncle Delumard avait fixé la date du mariage d'Adèle. Ernest faisait maintenant sa

cour, et le moment d'une rupture s'imposait.

Ernest n'y alla pas par quatre chemins. Un soir, comme Marcelle se présentait chez lui, à l'heure accoutumée, mais inquiète de l'état de santé de sa grand'mère, très affaiblie depuis quelques jours :

— Vois-tu, lui dit-il, de mauvaises nouvelles ne tombent jamais seules : je me marie dans trois semaines, et il faut nous quitter.

— Nous quitter ! fit Marcelle.

— Mon Dieu, oui ! Tout a une fin ici-bas !

— Ah !

Et sur ce cri, plutôt étouffé, Marcelle, très pâle, pressant de ses mains son cœur, son pauvre cœur si cruellement brisé, Marcelle se retira, sans une larme, sans un reproche.

— Intelligente, cette petite, pensa Ernest, dans sa fatuité de séducteur lâche et pratique.

Dès lors, il ne songea plus à Marcelle, et fut tout à son mariage avec Adèle ; mariage sans amour, il est vrai, mais une bonne affaire qui valait la peine d'être conclue. Parfois, cependant, quand il retrouvait dans sa chambre de garçon une épingle, un ruban, un de ces riens qui rappellent la femme, il se prenait à revivre les heures passées près de Marcelle ; il s'accusait avec indulgence de son triomphe sur cette fille ; il se trouvait faible de s'être laissé ensorceler par sa joliesse relative de Parisienne anémique ; il en arrivait à se féliciter d'avoir secoué le joug, d'avoir été fort contre cette malheureuse qui aurait certainement gâché sa vie ; et son acte d'abominable dureté, cet abandon égoïste prenait à ses yeux l'aspect d'un acte d'héroïsme. Puis il se trouvait subitement dans une fringale de cette chair passionnée, qu'il avait conquise et repoussée, et il jugeait que c'était lui le plus malheureux des deux.

*
* *

Un soir, tardivement, qu'il s'était couché dans cette disposition d'esprit, toute lumière éteinte, sa porte, sur laquelle, par hasard, il avait laissé la clef, s'ouvrit brusquement, et une forme s'abattit sur le parquet.

Avoir peur, se lever, allumer une lampe fut l'affaire d'un instant pour Ernest, qui reconnut, dans la forme écroulée au pied de son lit, Marcelle, Marcelle évanouie. Il daigna lui prodiguer des soins, qui lui permettraient d'ailleurs de décamper au plus vite. Mais, quand elle fut revenue à elle, Marcelle lui parla d'un ton qui n'admettait pas d'interruptions.

Sa grand'mère était morte : on l'avait enlevée dans la journée. Quant à elle, elle ne savait plus que faire. Elle s'était aperçue qu'elle était enceinte : on ne pouvait donc avoir d'infortune plus complète que la

sienne. Aussi, elle avait assez de la vie.
Elle ne demandait pas à Ernest de la re-
prendre ; il pouvait se marier tranquille-
ment. Seulement, il entendrait parler
d'elle ; il y avait assez de chevaux dans
Paris pour l'aider dans son projet, de façon
à ce que son souvenir vînt hanter péniblement le bonheur de celui qui l'aurait
trahie.

Et elle s'en alla.

— Bonsoir ! fit Ernest, quand il eut
refermé la porte, en ayant bien soin, cette
fois, d'enlever la clef.

III

Quelques jours après : Ernest est à son
établi ; il présente à la meule de grès,
qu'une pédale met en mouvement, le bord
de verres à lunettes. Il s'absorbe dans son
travail, clignant de l'œil quand de la meule
humectée s'échappent des pétillements
d'étincelles.

Mais un cri a retenti. Sous les pieds des chevaux d'omnibus, juste en face de la boutique, une femme est là, renversée, roulée, écrasée, morte peut-être. Le patron s'est précipité, ainsi que les passants, au secours de la victime, relevée et portée dans une pharmacie voisine.

Ernest n'a reconnu personne ; mais il se souvient du soir où Marcelle est revenue. Il veut se lever pour aller voir, lui aussi ; ses jambes ne peuvent le porter : il sent en son cœur qui se réveille une douleur étrange. Est-ce l'amour qui rentre en lui ? Est-ce le remords qui éclate en sa conscience ?

Devant la porte, sur le boulevard, les badauds discutent l'accident. Ernest entend prononcer des mots qui accentuent son malaise : mère, trahison, misère, suicide. Plus de doute : Marcelle a tenu sa parole ! Mais non, c'est impossible : elle ne peut pas être morte ; la lourde voiture a pu être arrêtée à temps. De simples blessures, et la convalescence sera rapide ; et il l'épousera, il épousera Marcelle, car c'est Marcelle qu'il aime ! Ah ! quel châtiment ! Vite, qu'on lui dise qu'il l'épousera, qu'il n'a pas menti, qu'elle sera bien sa femme !

Et les compagnons d'Ernest sont autour de lui, surpris de l'entendre parler, tout haut, de mêler à ses paroles, dont le sens leur échappe, le nom de Marcelle, quand ils savent qu'il est fiancé à Adèle Beaumesnil.

Pourtant, le patron est rentré.

— Elle n'est pas morte, dites ? lui demande Ernest avec des supplications dans la voix.

— Non ! heureusement, la pauvre vieille ! répond le patron. Mais, aussi, pourquoi traverser seule le boulevard, quand on a cet âge-là ?

— Ah ! fait Ernest, redevenu plus calme, mais avec un éclair de joie dans les yeux ; c'est donc une vieille femme ?

— Elle a au moins quatre-vingt-dix ans !

*
* *

L'oncle Delumard n'est pas content : Adèle restera demoiselle encore quelque temps. Mais le hasard est décidément un grand maître, car, sans la vieille femme écrasée, Marcelle ne serait pas, depuis hier, et très légalement, la belle-fille de Mme Ernestine Gravellot.

FIN

TABLE DES MATIÈRES

ÉMILE COLIN — Imprimerie de Lagny

AVIS DE L'ÉDITEUR

Le but de la collection des *Auteurs célèbres*, à **60** *centimes* le volume, est de mettre entre toutes les mains de bonnes éditions des meilleurs écrivains modernes et contemporains.

Sous un format commode et pouvant en même temps tenir une belle place dans toute bibliothèque, il paraît chaque quinzaine un volume.

CHAQUE OUVRAGE EST COMPLET EN UN VOLUME

POUR LES N° 1 A 325, DEMANDER LE CATALOGUE SPÉCIAL

326. TOPFFER (R.), **La Bibliothèque de mon Oncle.**
327. TOPFFER (R.), **Nouvelles Genevoises.**
328. CORDAY (MICHEL), **Misères secrètes.**
329. CIM (ALBERT), **Les Amours d'un Provincial.**
330. RICHEBOURG (ÉMILE), **Le Portrait de Berthe.**
331. DURIEU (LOUIS), **Le Pion.**
332. DAUDET (ERNEST), **Les Douze Danseuses du Château de Lamole.**
333. NERVAL (GÉRARD DE), **Aurélia.**
334. MAËL (PIERRE), **Le Roman de Joël.**
335. SIEBECKER (ÉDOUARD), **Récits Héroïques.**
336. SCHOLL (AURÉLIEN), **L'Amour d'une Morte.**
337. DOSTOÏEWSKY, **Les Précoces.**
338. HÉGÉSIPPE MOREAU, **Le Myosotis.**
339. AUTEURS CÉLÈBRES, **Chroniques et Contes.**
340. GARCHINE, **La Guerre.**
341. MAURICE VAUCAIRE, **Le Danger d'être aimé.**
342. ERNEST DAUDET, **Le prince Pogoutzine.**
343. JEAN DRAULT, **Les Aventures de Bécasseau.**
344. P. CASTANIER, **Le Roman d'un amoureux.**
345. HENRY LAPAUZE, **De Paris au Volga** (couronné).
346. LOUIS BARRON, **Paris étrange.**
347. CORA PEARL, **Mémoires.**
348. GYP, **Dans le train.**
349. HABERT DE GINESTET, **Souvenirs d'ur pris guerre en Allemagne.**
350. VOLTAIRE, **L'Ingénu.**

En jolie reliure spéciale à la collection. **1 fr. le v**

(ENVOI FRANCO CONTRE MANDAT OU TIMBRI

PARIS. — IMPRIMERIE E. FLAMMARION, RUE RACINE, 26.

www.ingramcontent.com/pod-product-compliance
Ingram Content Group UK Ltd.
Pitfield, Milton Keynes, MK11 3LW, UK
UKHW020736120726
13693UKWH00001B/355